三方よしに学ぶ人に好かれる会社

Learning from SANPOYOSHI, The Company loved by Stakeholders

［編著］
経営倫理実践研究センター
理事・首席研究員
田中宏司
Tanaka Hiroji

駿河台大学経済経営学部教授
水尾順一
Mizuo Junichi

SUNRISE

はじめに

喜びを与え、感じる会社

「お父さん、いい会社に勤めているね。私もお父さんの会社で働きたいわ…」もし娘や息子あるいは家族からこのように言われたとしたら、きっとその会社は良い会社なのだろう。

逆に「絶対にお父さんの会社だけは入りたくないね。毎日、毎日帰りが遅いし、なにやっている会社かわかんない。それに本当に地域の人たちやお客さんから喜ばれているの?」といわれるようだと困ったものだ。

お客さまや地域の人たちから喜ばれ、何よりも社員が働く喜びを感じ、誇りをもって心から「好きだ」といえる会社であることで、会社の発展も期待できる。なぜなら、成長する会社の原点は働く社員の喜びにあり、それがいい製品やサービスに結びつくからだ。

それはお客さまや地域社会の喜びにつながり、ひいては会社の発展、そして株主の満足にも結びつく。言葉をかえれば売って喜び(社員も会社も)、買って喜ぶ、そして世間も喜ぶ、なのである。このような商いのことを日本では「三方よし」と呼んでいる。

現代の「三方よし」は「みんなよし」

三方よしについて、いろいろと調べてみるとその原点は滋賀県の近江商人にあった。この考え方をいま風におきかえれば、取引先（販売業者、流通業者）や、仕入先、株主、地域の人たち、行政、マスコミなど、多くの利害関係者も含めなければならない。さらに言えば、実在する主体は持たない（目に見えない）が、地球環境や地域社会などもある意味で利害関係者と考えることができる

そうなると三方よしではなくて、「みんなよし（多方よし）」なのかもしれないが、三方よしの言葉をいかして幅広い概念でその意味を解釈したい。要は「人に好かれる会社」ということである。

本書は、こうした問題意識からスタートして、産業界で実務を経験しながら働くビジネスパーソン、そしてこうしたことを研究する学者が集まり、議論を始めた。

議論だけではない。我々は三方よしという概念のルーツをさぐるため、実際に近江商人の故郷を２０１３年12月に訪ねた。１５０年以上の歴史を経て現代に生かされている会社が多くあることに、驚きと喜びを感じたものだ。是非、この気持ちを社会に伝えたい。皆がその思いを一層強くした。

近江商人の知恵や家訓、ビジネス精神などをもとに、理論的な考察も加えながら、さらに

議論を深めて完成させたのが本書である。いわば、本書は理論と実践を一体化させて、現代に生かす「三方よし」をもとに「人に好かれる会社」を社会に提起するものである。

本書を書くにあたって、筆者たちは多くの会社や関係者の方々にご協力をいただいた。とくに日本経営倫理学会の高橋浩夫学会長、および(一般社団法人)経営倫理実践研究センターの矢野薫理事長には、日ごろから大変お世話になっており、本書の出版もそのおかげと心から感謝申し上げている。筆者を代表して衷心からお礼を申し述べたい。

また、サンライズ出版の岩根順子社長には、近江商人の現地取材にあたって、多くの資料を提供いただき、現地では懇切丁寧な説明や案内など多大なご支援を賜った。さらに、今回の出版にあたっても、打ち合わせなど積極的な助言、アドバイスも頂戴した。本書は岩根社長のご協力なくては出版もあり得なかったのではないかと、執筆者を代表して心から感謝申し上げる。

本書が多くの人たちから「愛される会社」たるべく、よき道しるべとなればこの上ない幸せである。

2015年2月

執筆者を代表して
田中宏司・水尾順一

目次

第6章 時代はもはやグリーン調達からCSR調達へ　文 載皓

第11章「笑顔のために」アデランスの戦略的ＣＳＲ

第12章 グローバル経済時代は新たな日本型経営で乗り切る

序章　三方よしは、人に好かれる会社の原点

いま、企業と顧客、社会との良好な関係が求められている。そこには、企業の経営理念を基にしたＣＳＲ（企業の社会的責任）がある。三方よしと言われる近江商人、さらには三井、三菱などの歴史ある企業にもあった。いずれも顧客や、従業員、取引先などステークホルダーといわれる利害関係者とともに栄え、繁栄する会社だ。

本章では、現代に生きる近江商人の三方よしを例にとり、経営理念やサステイナビリティ（持続可能性）、さらにはＣＳＲの中でも今日的な課題とされるＣＳＶ（共益の創造）をもとに、「人に好かれる会社」について概要を述べてみたい。

1 会社は誰のものか

多くの人たちに支えられて会社は繁栄する

「会社って誰のもの？」。

いきなり、難しい話で恐縮だが、これは会社経営の本質ともいえる問題だ。経営学で議論されるいわゆるコーポレート・ガバナンス（企業統治）のことである。

法的にも、また形式的にみても「株主」とこたえるのが一般的には正解であろう。だが、社会で企業が生きていくうえでは、実質的にはお客さまや社員、地域社会、取引先など、多くのステークホルダーといわれる利害関係者に支えられているのが事実だ。

このことを考えれば、単純に「株主」のものと言い切ってしまうのは乱暴だろう。株主利益の追求を理由に、自己の利益のみを追求する企業は、市場から淘汰されてしまうのはいつの世も同じだ。ビットコインのように、倒産企業の多くがそうした運命をたどっているのは周知の事実である。

すでに、パナソニックの創業者である松下幸之助が、「企業は社会の公器」と名言を述べてこのことを戒めていることを肝に銘じたい。

経営理念が根幹となる

三越、三菱などの歴史ある企業には経営理念が根底にある。英語でいえばミッションであり、ジョンソン・エンド・ジョンソンのアワ・クレドー（我が信条）もその代表だ。

世界最古の企業である金剛組《こんごうぐみ》にも経営理念があった。578年大阪の天王寺で創業した会社で、現在は旧・金剛組の技術と商号を受け継いで創業している。

帝国データバンクの2008年報告書『TDB　REPORT』によれば、創業者の金剛重光は、飛鳥時代に大阪の四天王寺を建立のために聖徳太子によって百済より招かれた三人の宮大工のうちの一人とされている。

『創業一四〇〇年～世界最古の会社に受け継がれる一六の教え～』の中でも、当家では金剛家に代々伝わる「家訓」16の教えがあると記されている。

前述の『TDB　REPORT』によれば、老舗企業814社のアンケート調査から、老舗企業には623社（77・6％）の会社に経営理念ともいえる「家訓・社是・社訓」があると報告されている。「サスティナビリティと経営理念は表裏一体」のものといっても過言ではない。

CSR（企業の社会的責任）が求められる時代

CSRはCorporate Social Responsibilityの略語から生まれた言葉だ。新聞の検索をしても、2003年がCSR元年といわれている。

CSRとは日本経営倫理学会CSR研究部会では
① 企業と社会の持続可能な発展を促進することを目的として、
② 不祥事の発生を未然に防ぐとともに、トリプルボトムラインと称される経済・環境・社会に対して積極的に貢献していくために、
③ マルチ・ステークホルダー（利害関係者）のエンゲージメント（参画）を通じて、共に進める制度的義務と主体的取り組みの責任
と定義している（『やさしいCSRイニシアチブ』より）。

このCSRをビジネスで大切にしたのが渋沢栄一だ。

徳川慶喜につかえ、日本銀行の設立など多くの企業をたちあげ、日本の近代化を促進した渋沢栄一は、企業の理念に必要なのは「論語と算盤《そろばん》」と述べている。右手で算盤をもちながら商いの利潤を追求するが、左手には論語をもってビジネスに社会的責任を重視することが必要ということだ。

彼のこうした社会的責任をベースにしたビジネスの思想は、経営学者のピーター・ドラッカーも彼の著書『マネジメント』で、次のように表現しているほど、最も重視した経済思想である。

「率直にいって私は、経営の『社会的責任』について論じた歴史的人物の中で、かの明治

を築いた偉大な人物の一人である渋沢栄一の右に出るものを知らない。彼は世界の誰よりも早く経営の本質は『責任』にほかならないことを見抜いていたのである。」

2 現代にいきる「三方よし」

三方よしの経営理念は、企業経営の原点

会社が繁栄するのは、これまで述べたように、従業員を大切な財産として大切にして、彼らのモチベーション（やる気）をたかめるからだ。その結果、従業員も頑張ってよい商品が生まれ、それを消費者が支持をしてくれるのだ。

もちろん、原材料の供給や、商品を販売してくれる業者など取引先の支援が必要なことは申すまでもない。加えて、地域の人たちの理解・協力があるからこそ、その地でビジネスも可能なのである。というようなことを考えれば、多様なステー

図表序－1　三方よしの概念図

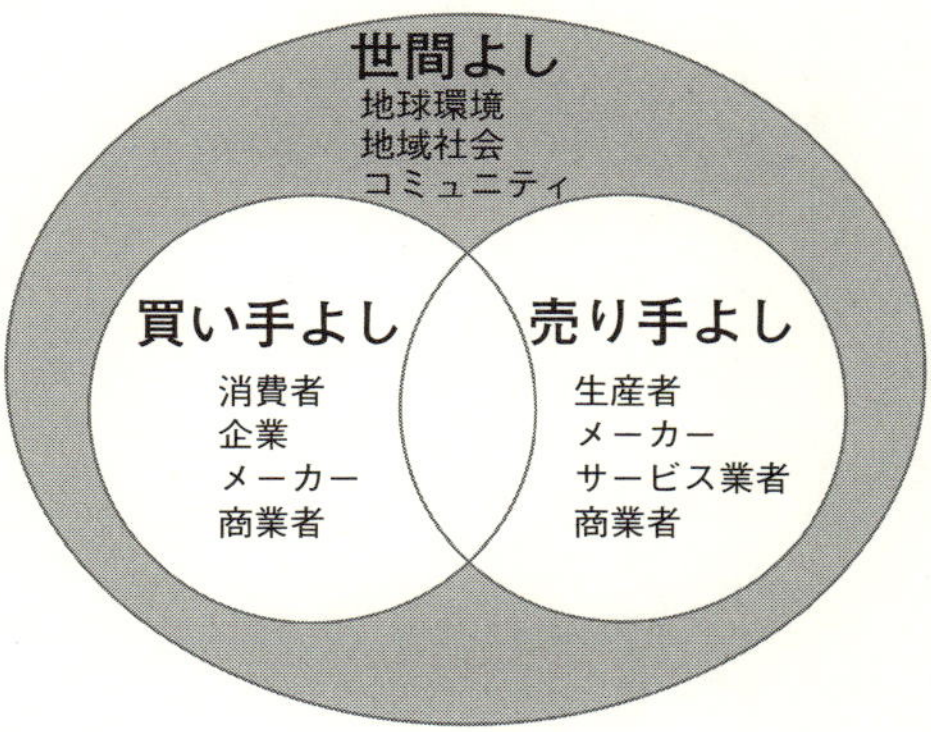

出所：「三方よし研究所」ホームページより

クホルダー（利害関係者）との良好な関係が必要なことはいわずもがなである。

日本でも、古来よりそのような会社（商人）が存在した。滋賀の近江商人である。彼らは江戸時代から、日本全国を行商しながら商いを展開した。彼らが成功した背景にあるのが、「売り手よし、買い手よし、世間よし」の「三方よし」だ。

近江商人のルーツを探る

そもそも近江商人と呼ばれる人々は、どのような考え方で、どのような商売を行ってきたのだろうか。まずそのことを明確にしておきたい。ＮＰＯ法人の三方よし研究所が発行する「近江商人の理念と商法」によれば、そのルーツは江戸時代にさかのぼる。

図表序―2に見られる、近江の国（現在の滋賀県）で江戸時代に誕生した「高島商人」「八幡商人」「日野商人」「湖東商人」がそれである。

彼らは、ふるさと近江を離れて全国各地で商いを行い、地域の産業の発展に多大な貢献をしたといわれている。行商で訪れる地域の特産物などを仕入れて別の地域へ運び、その地で商いを行い、またそこの特産の商品を同様に仕入れて他国で売りさばくという「諸国産物まわし」の商いを展開した。

この商法や理念はいまの「商社」の原点ともいわれ、日本の流通機構や経営原理に多大な足跡を残した。こうした近江商人の「三方よしの経営理念」は、脈々として今日まで受け継

図表序－２　近江商人の出身地

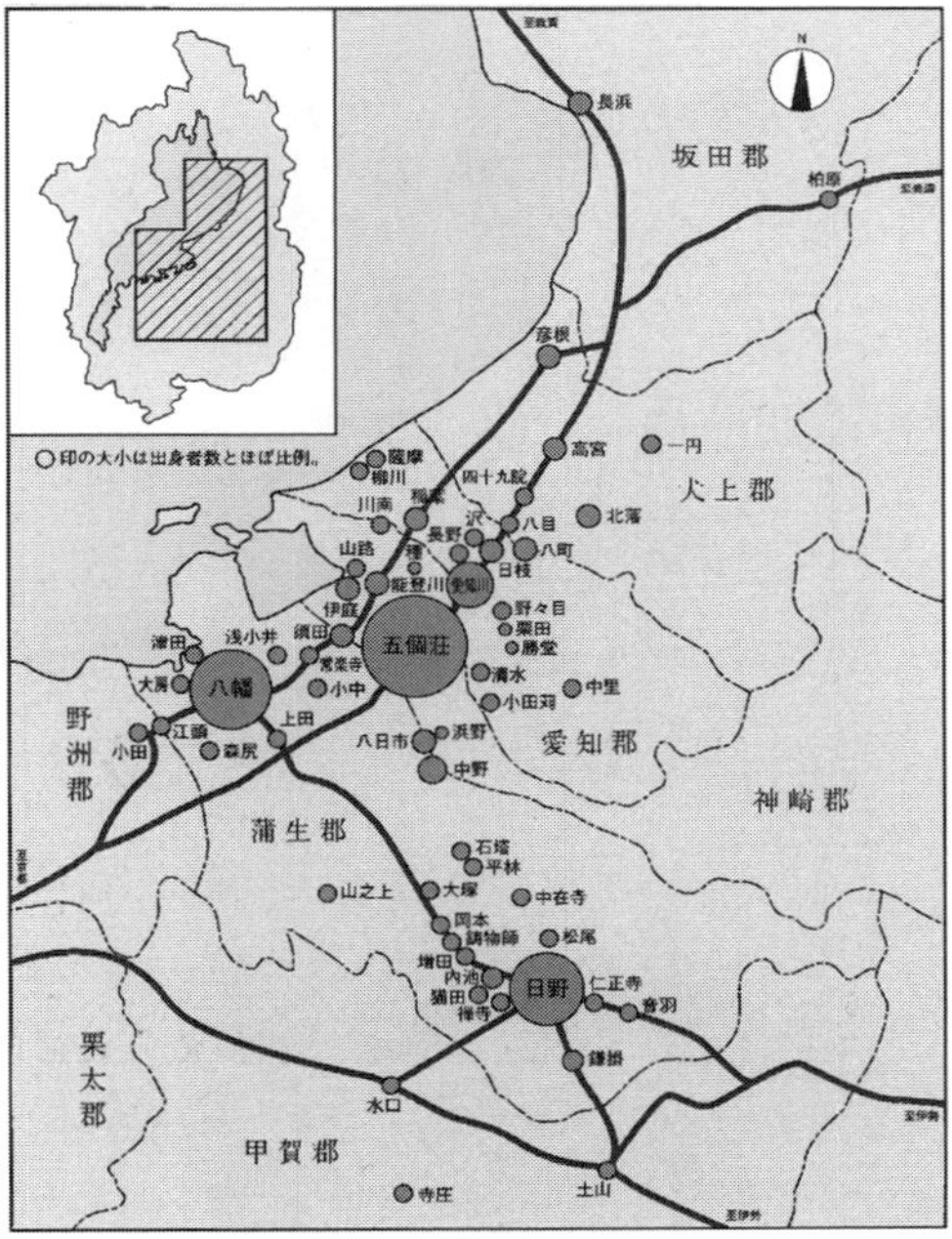

がれている。彦根藩を中心とした「湖東商人」の一人伊藤忠兵衛は、総合商社の「伊藤忠」や「丸紅」の創業者であることは有名だ。

また高島商人は、戦国末期から江戸時代にかけて盛岡まで出かけ、「琵琶湖のアユは外へ出て大きく育つ」といわれ、近江商人の原型とされている。この地の出身である高島屋飯田呉服店は京都で成功した。それが現在の高島屋百貨店の前身だ。

サスティナビリティにつながる、「世間よし」

彼らが行った「商い」というものは、売り手と買い手という当事者にとって有益であるだけではない。その取引が世間（地域社会や周囲の人たち）にとっても、何がしかの利益をもたらすものでなくてはならない、という考えだ。

それこそが商いとして長続きするコツだと主張した。いまでいう「サスティナビリティ（持続可能性）」である。

当時は、いまと違って藩における自給自足の経済が基本なので、他国からの行商は好ましいものではなかった。しかし、出かけ先の地域経済が繁栄することをいつも考えて積極的に地域に貢献したことから、他国からも好感をもって受け入れられた。

彼らは、いま自分がこうして商いができるのも地域や世間様のおかげとして、稼いだお金で道や橋を治し、あるいは学校や病院まで作って地域に貢献したからだ。しかも「陰徳善事」で人知れず行うのが美徳とされ、決して見返りも期待しない。またそれを厳に戒めたのだ。

こうした近江商人の一人に中村治平兵衛がいる。彼は70歳を迎えた1754（宝暦4）年に、15歳の孫にあてて遺言状を書いたが、いまではそれが三方よしの原典といわれるようになっている。24か条で3mにおよぶ巻物で、近江商人博物館にいまも保存されており、筆者らはその実物をみてあまりの素晴らしさに感動したものだ。その「商家の家訓」から一部を紹介したい。

「…たとえ他国へ行商にでかけても、自分の持参した衣類などの商品は出向いていったその国すべての顧客が気持ちよく着用できるようにこころがけ、自分のことよりも先ず、お客さまのことを思って計らい、一挙に多くのことを望まないで、何事も天の恵み次第であると謙虚な態度であること。ひたすら商品をお届けした地方の人々の事を大切に思って商売をしなければならない。…（宗次郎幼主書置）」

3 三方よしは、CSVにつながる

世界的レベルで展開されるCSV

さて、話題を現代に移そう。三方よしを世界的レベルで展開しているのが、マイケル・ポータらが2011年に主張したCSV（Creating Shared Value：共益の創造）だ。そもそもこのCSVを主張して企業はといえば、スイスを本社に持つネスレだ。

ネスレは同社のホームページによれば、CSVピラミッドとして2006年以降、底辺からコンプライアンス、環境サスティナビリティ、そしてCSVを頂点としてこのピラミッドを採用し、2007年から世界では初の試みとしてネスレCSVレポートも発行している。

世界のBOP層に関わる貧困、食料問題、感染症などは、国際的なマクロからの視点、あるいは間接的にグローバル経済の発展から見れば、今後企業が手を差し伸べていくべき領域であり、そのことを通じて外部不経済の減少に貢献すべきである。

企業は消費者や地域社会など、さまざまなステークホルダー（利害関係者）とCSVを念頭に、サスティナビリティとプロフィット（利潤）の両立に注目しはじめている。

この関係は、言葉をかえれば、企業がお客様や従業員、地域社会、取引先などステークホルダー（利害関係者）とともにウイン・ウインでメリットを分かち合う関係だ。ここでのウイン・ウインとはどちらか一方が勝ち負けの構図ではなく、お互いに価値（利益）を享受する意味である。最終的には、出資者である株主とのCSVにつながる。

「三方よし」から「多方よし」へ

このような三方よしの精神は、ステークホルダー重視となって、いまも多くの企業に受け継がれている。三方よしは売り手も買い手も、そして世間（地域社会や広く社会全体）に喜びや満足を与える。その意味からすれば、三方よしもウイン・ウインの関係だ。

グーグルのように、勤務時間の20％を自分の好きな仕事をしてもよいという「20％ルール」や社員食堂をつくり社員に無料でランチを提供するなど、社員に優しい会社は、学生の就職先としても人気で、いい人材が集まる。

また、トヨタのプリウスは環境に優しく、埼玉県で住宅ビジネスを展開するポラスは、毎年南越谷阿波踊りに協賛し、会社をあげて支援するなど、地域や社会に優しい会社だ。コクヨは、ユニバーサルデザイン（UD：だれもが安心して使用できるデザイン）を企業戦略の中心に置いている。子供たちに人気が高い商品で「かどけし」という消しゴムがあり、これもUDである。この「かどけし」は平面的な四角形ではなく、サイコロを交互に包み重ねたようになっているから角が沢山あり、いつまでも細かいところが消しやすい消しゴムで、小学生などに大人気だ。

このようにステークホルダー重視の経営は、三方よしの「三方」をいい意味でさらに拡大・発展させた「多方よし」としていまに受け継がれている。それが「人に好かれる会社」という評価をえて持続可能な成長に結びついている。

三方よしもCSVも「人に好かれる会社」にむすびつく

人に好かれる会社は、当然のことながらサスティナビリティとプロフィットの両立をめざすことから、失われた20年といわれる長期デフレからの脱却に貢献する。日本国内では、東日本大震災の被災地支援のCSVや、たとえば伊藤園の茶畑産地の支援などの特定目的型のCSVなどがある。

一方、海外に目を転じれば、途上国の中・低所得層の生活水準の向上に貢献し、グローバルなCSRとして社会的課題の解決に向けた活動となり、地域社会への貢献にもつながっている。

図表序－３　多方よしで人に好かれる会社

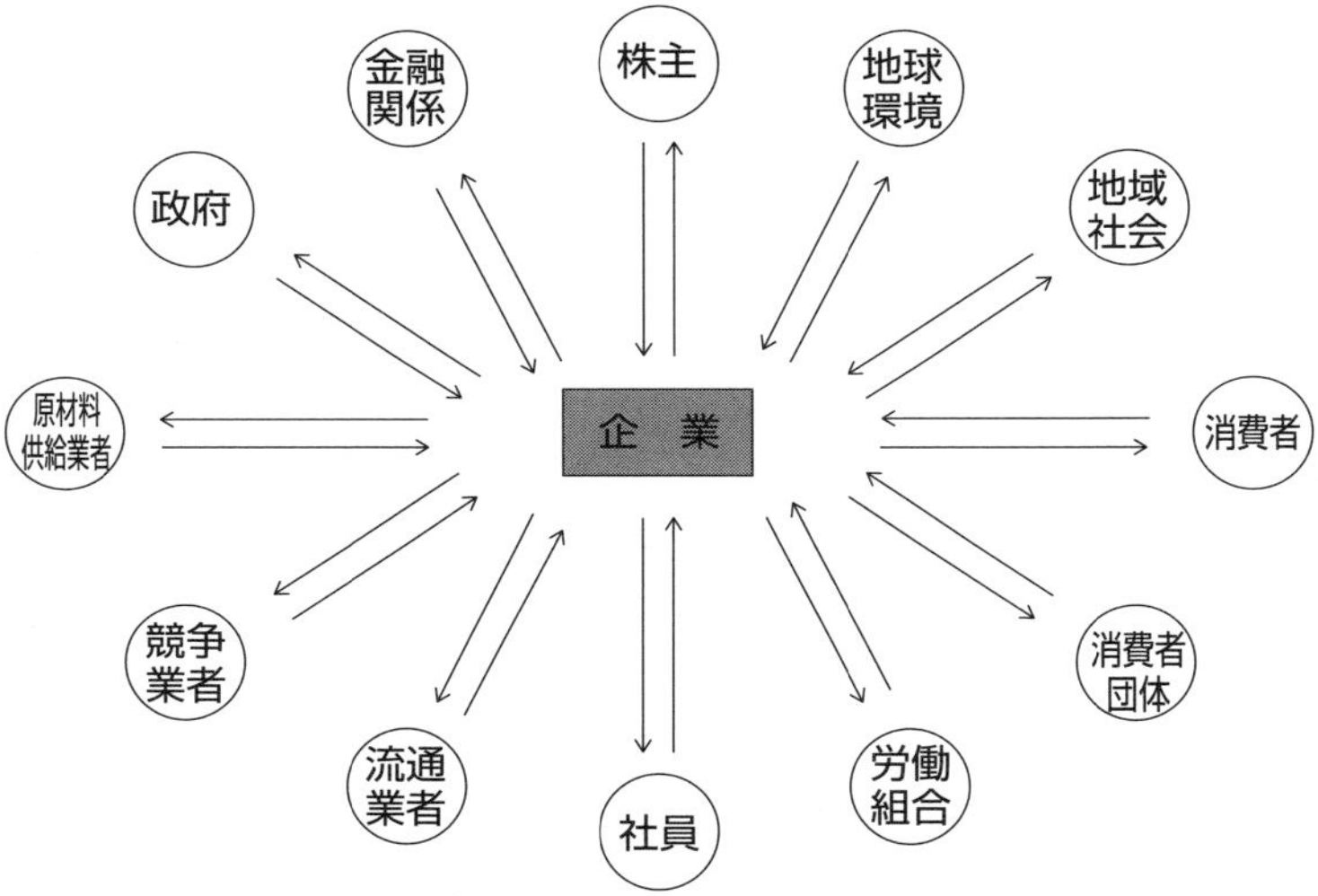

人に好かれる会社はこのように、企業と消費者、そして地域社会や取引先など、多面的なステークホルダーとウイン・ウインの構造となる。すなわち、多くの人に好かれる会社だ。アメリカ発のＣＳＶにちなみ、まさに日本型ＣＳＶと呼ぶことができよう。

（水尾順一）

第1章

自分よし、相手よし、世間よしの会社

会社は、株式会社の誕生によって、従業員、地域社会、地球環境など、さまざまなステークホルダーを意識して事業を行う、「世間よし」を実践することで長期に発展してきた。世間よしをうまく実践するためには、

①少子・高齢化、②情報・国際化、③温暖化の3つの変化を前提に、

①新商品、サービスを開発、②市場を拡大、③経費を削減、④儲けを固定の4つの対策のいずれかをうまく取り入れていくことが大切である。

1 「世間よし」が定着するまで

企業と会社の違い

本書タイトルに「会社」という言葉がある。これは、今では、誰でも当たり前に使う用語となっている。この会社に近い言葉に「企業」もある。これらは、一体どう違うのだろうか。企業は、「生業を企てる」と書くことからわかるように、生活を維持、継続するための儲けを得ることを目的に活動してきた。理論的には、営利目的をもって、人による労働、土地や資金などの資本、原材料などの自然という生産の三要素にもとづき、財またはサービスを生産、配給する活動単位を企業という。

この企業の起源は、今から五千年ほど前、現在のイラク周辺で栄えたメソポタミア文明の時代までさかのぼる。「目には目を、歯には歯を」で有名なハンムラビ法典には、「債権」や「手形」という言葉があった。ここでは、人と人とが必要なものを手に入れるために行われてきた物々交換から一歩進んで、手形などにもとづき、市場で商品を取り引きする主体が存在した。この主体が徐々に整備され、13世紀の北ヨーロッパになると、商人の組合的な団体であるハンザ同盟ができた。こうして儲け、利益を上げるために活動する組織として企業が定着してきた。

次に、企業と会社の違いを説明しよう。広い意味では、あまり区別せずに使う場合も多い。しかし、厳密には、株式会社、合資会社、相互会社など、会社法、保険業法といった法律上で定義されたものを会社と言う。つまり、企業の一部が会社となる。総務省事業所・企業統計調査によれば、日本国内には、６００万件程度の企業が存在する。そのうち株式会社は４割強を占める。特に多くの人が目にする大企業は、ほとんどが株式会社であるから、企業といえば株式会社とも見てとれる。

株式会社の誕生

株式会社は、企業が定着した後の15世紀、いわゆる大航海時代に生まれた。この時代には、航海技術の発達に伴い、遠方に出かけて必要なものを入手できるようになる。

特にイタリアの諸都市では、地中海貿易に際して、船の所有者と出資者が相互に契約を締結し、海上企業活動を行っていた。この船による事業は、大きな資金を必要とするうえ、嵐で沈没したり、海賊に襲われたりしてしまうこともしばしばであった。他方、航海で得られる香辛料や絹などの商品は貴重なものだった。イタリアでは、これらの商品を欲しい人たちが、一航海ごとに資金を出資して、その航海で得られた資金を分配する制度が生まれた。

その後、オランダでは、１６０２年、イタリアやスペインなどの諸外国に対抗し、東南アジア地域の香辛料や絹などの取引を目的に、インドネシアのジャワ島に東インド会社を設立した。ここでは、イタリアの制度にならい、複数の投資家から資金を集め、船を建造、航海に必要な物資や船員を調達・確保し、貿易を実施した。そこで得た利益を出資者に配当金として還元した。現在の株式会社は、このオランダ東インド会社を起源とする。

資金があり、その拡大をもくろむ出資者と、資金はないものの企業経営の才能ある経営者のニーズがかみ合い、株式会社のしくみは全世界に広まっていく。

「自分よし」と「相手よし」の意義

企業が生まれてから今日に至る長い歴史の中で、その目的である「儲け」の考え方は徐々に変化してきた。

まず初期の企業は、個人の営利目的や利潤追求を目的とする。原材料を仕入れ、それを加工、販売し、できるだけ相手に高く売って、自分の利益を高くしようとした。その際、多少の品質やデザインなどが悪くても顧客が高く大量に買ってくれればよかった。これは、企業側だけの「自分よし」のみの行動で成り立った。

しかし、このやり方は長続きしない。顧客は、買った商品に不満に思うと、企業に騙されたと感じてしまう。そして、また買おうという意欲や行動が働かなくなる。長く事業を続けたい企業は商品が売れずに困ってしまうことになった。

すると、企業は、自分の利益を多少減らしても、良い品質、デザイン、もしくは安価にして顧客に満足してもらうように商品を生産、販売するように変化する。これに呼応し、顧客も継続的な購入を検討する。企業から見ると、一回だけの販売と比べると利益は減るものの、二回、三回と継続して販売を続けることで、トータルの利益が大きくなることに気づく。そして、売り手は、長期的な利潤を目的とするように変化する。ここに、自分と相手を両立する必要性が生まれてきた。自分と相手という二者の関係では、友達づきあいなどと同様、常に相手を意識して行動すればよい。ある意味で簡単、かつ当然の行動とも見なせる。

ステークホルダーを意識した経営

企業が株式会社として発展し、それが世界的にも主流になる中で、地域社会や地球環境など、自分と相手以外の主体を考慮する必要も出てきた。一つの株式会社で働く従業員数の増加もあり、いわゆる所有と経営の分離が進展する。そして、会社は、長期に永続的に存在する主体となる。地域社会、環境など、さまざまなステークホルダーを意識するようになった。

米国フォード・モーターの創設者であるH・フォードは、自動車社会の到来とともに、莫大な利益を上げた。こうなると会社の歩むべき真の道は、単に自分よし、相手よしだけではなく、大衆へのサービスを追及することと気づく。そして、自分が活動している地域社会に対する恩返しを考える。美術館を作って地域の住民に鑑賞してもらったり、寄付金によって貧困な住民の教育を行ったり、さまざまな社会貢献活動を実施した。自身の経験を踏まえ、

H・フォードは、会社が利潤を獲得する必要性は認めたものの、その目標性を否定した。同様に、経営学者のH・アンゾフは、会社の二次的な社会的目標にも着目し、利潤の追求と社会貢献活動の重要性を主張した。また、P・ドラッカーは、①マーケティング、②生産性、③革新、④モラール向上、⑤収益性、⑥物的資源と財務的資源、⑦経営者、⑧公共的責任を下位目標に据え、会社の生存にとって「顧客の創造」を獲得することを唱えている。

最近では、2010年、世界最大の国際標準化機関であるISOによって、あらゆる組織を対象とする社会的責任に関する手引書としてISO26000が発行された。このISO26000は、持続可能な発展に貢献することを目的に、消費者、従業員、地域社会など多様なステークホルダーを意識する内容となっている。

「世間よし」の意味

会社のまわりには、消費者、取引先、従業員、株主、地域社会など、さまざまなステークホルダーが存在する。会社は、株主や従業員といった一部のステークホルダーのみの利害を追求するだけでは成り立たない。会社をとりまくあらゆるステークホルダーにも配慮し、その利害を調整していくという考え方と行動が求められる。会社は、常日頃、ステークホルダーの確かな存在を意識し、ステークホルダーのさまざまなニーズを捕捉することが肝要である。株式会社の定着に伴い、自分よし、相手よし、そして世間よしの概念が定着する。

会社の世間よしの行動は、短期的に見ると、株主利益を減少するといった問題に直面してしまう。しかしながら、長期的に見ると、社会貢献活動への対応が、企業イメージの向上や市場の安定・拡大、ビジネスチャンスの発見等につながる。これにより、消費者や株主が享受する利益の向上をもたらす。

社会貢献に積極的な会社は、長期的には社会的受容性による経営資源獲得機会の増大を通じて経済的成果を改善できる。金銭的価値である短期的利益は、各ステークホルダーに一方的に分配され減少してしまうのに対し、企業イメージのような無形資産である長期的利益は、ステークホルダー間の相乗効果により、徐々に拡大する性質を持つ。

2「世間よし」につながる三つの変化

会社が自分よし、相手よしから一歩進んで世間よしまで考えた行動をとるにあたって、単に自己満足ではなく、長期的には自分や相手まで含めて世間よしとなるような対応が求められる。世間よしまでの行動を考えるにあたり、現在、会社が置かれているまわりの環境を確認しておこう。

少子・高齢化（成熟化）

日本は、2013年時点で総人口に占める65歳以上人口が25％、15歳未満人口が13％と、世界で最も少子・高齢化の進んだ国となっている。国立社会保障・人口問題研究所の推計（内閣府 2014）によれば、日本の高齢化率は、2035年に33％、2060年には40％（国民の約2・5人に1人が65歳以上の高齢者）に達するという。少子・高齢化は、単なる人口構成の変化にとどまらず、需要の減少、コミュニティの崩壊など、経済や社会にさまざまな影響をもたらす。

少子・高齢化は、日本の経済成長率とも密接に関連する。戦後の日本の経済成長率は、内閣府の国民経済計算によれば、1956～1973年に平均9・1％と高位にあった。この時代は、いわゆる高度成長期である。その後、石油ショックのあった1974～1990年で平均4・2％となった。そして、バブル崩壊後の1991年～2013年には平均0・9％とゼロ成長で、いわゆる成熟化の状況が継続している。

経済成長の大きな流れには、景気循環が関係する。特に、50年程度の周期をコンドラチェフの波と呼び、技術革新との関連が指摘されている。会社は、この技術革新の担い手ともなりえる。少子・高齢化や成熟化によるゼロ成長を脱するための技術革新が待たれる。

情報・国際化

平成26年版情報通信白書（総務省）によれば、2013年の日本国内データ流通量は13・5エクサ（百京）バイトになったという。この数字は、あまりにも巨大な数字で、何を意味するのか実感がないかもしれない。これは、8年前と比べると約9倍である。一例として、デジタルカメラの画素数は、1995年の25万画素から、2005年に1000万画素、最近では2000万画素を超えている。

我々の目にする情報量は、情報関連機器の開発・革新に合わせ、確実かつ急速に拡大している。まさに情報化が進展している。これは、インターネット社会に代表されるように、国境を越えて、会社にとって容易に情報のやりとりを可能にする状況をもたらしている。

多くの会社が情報化の拡大に合わせて国際化も展開している。世界経済のボーダレス化が進展する中、日本からの海外への投資などを含めた国民総所得（GNI）が注目されつつある。世界銀行の2013年国別GNIランキングによれば、1位に米国17・0兆ドル、2位に中国8・9兆ドルで、日本は3位で5・9兆円となっている。4位にドイツ3・7兆円、5位にフランス2・8兆円と続く。

日本は、米国の3分の1程度の経済規模を持つうえ、世界経済全体の中で1割程度を占めている。日本経済、さらにはそこで活動する会社の影響力の大きさを確認できる。トヨタ自動車、パナソニックなどの企業が海外も含め事業展開する中で、世界的な課題に合わせて活動する必要性もうかがえる。日本が少子・高齢化に直面する中で、国際化は会社成長の切り札として期待される。

温暖化

地球規模での温暖化から、海水膨張や氷河融解による海面上昇や、気候メカニズム変化による異常気象などのおそれがある。ひいては自然生態系や生活環境、農業などへの影響が懸念されている。

過去100年間に地球全体の平均気温は0.3〜0.6度と急激に上昇している。現在のペースで温室効果ガスが増え続けると、2100年には平均気温が約2度上昇すると予測されている。この2度上昇を抑制するために、気候変動枠組条約締結国会議（COP）をはじめ、さまざまな国際的な議論がなされている。

日本では、これまで原子力発電は温暖化対策の有効な切り札として期待されていた。しかし2011年の福島原子力発電所事故以降、この状況は一変する。現在、原子力から火力への発電割合のシフトに伴い、温室効果ガスの大幅な増加を余儀なくされている。

エネルギーを使用しなければ温暖化問題は解決できるものの、その場合、経済は成立しなくなってしまう。まさに、エネルギー、経済、環境の板ばさみではなく、三すくみである「トリレンマ」は、ある意味で人類にとって重大かつ永遠の課題ともなっている。

温暖化問題の解決にあたり、会社には、新たな規制や環境税の導入など、さまざまな制約、負担が増えることも想像される。こうした変化を自社のビジネスチャンスに変えるような工夫が求められる。

３「世間よし」実践のための四つの方策

高度成長時代のように毎年９％程度の経済成長がある世界では、売上と経費ともに増加し、儲けも拡大できた。ある意味で普通に経営を実践していれば、従業員は年齢を重ねるに従い、係長、課長、部長と順調に肩書きが上がり、給料も増えてきた。しかしながら、現在の少子・高齢化、情報・国際化、温暖化のゼロ成長では、何もしないと売上、経費とも縮小する状況に陥ってしまう。これらへの対応も求められる。

新商品、サービスを開発する

同じ経費で経営する場合、売上を拡大すれば、当然ながら儲けは増える。各社とも、何よりも売上拡大を目指し、しのぎを削っている。他社にまねできない独自の商品を投入したり、顧客に魅力的な付加価値を付けたりして差別化を図っている。他社の模倣を防いで、この差別化を継続するにあたり、市場内競争力を維持していくための特許戦略も必要になってくる。

少子・高齢化では、高齢者向けの商品やサービスは大きな市場としても注目されている。また、温暖化に対応し、省エネルギー関連の商品を開発したり、マラリアなどの熱帯性の病気の特効薬を開発したり、といった対応も重要となる。これらは、いずれもマーケットプルの発想である。

この際、米国のゴールドラッシュで実際に儲かったのは金を発掘した人ではなく、そこでスコップや地図、衣服を売った人であったという話は有名である。本当に儲かるビジネスを見つけることが大切である。

新しい商品やサービスの開発には、従業員の創造性が成功のカギをにぎる。例えば、ウェザーニューズ社では、社内での肩書きに部長、課長などを使用せず、横綱、大関、小結といった格を与え、報酬を決定する制度を導入している。番付は年4回の番付会議で編成され、誰でも横綱になれる可能性があるという。こうして、若手や女性、さらには中途採用者も含め、モチベーションを高めている。

女性管理職の登用増加やワークライフバランスの実現など、従業員関連の施策、制度の改善も検討に値しよう。

市場を拡大する

同じ商品であっても、これまでと違う市場で販売することで売上を拡大できる。情報化や国際化に合わせた海外展開は、会社が儲けを増やすために有効な手段のひとつとなる。

例えば、ＴＰＰなどの進展に伴い、日本の農業や漁業は、海外からの安価な商品の輸入により壊滅的な打撃を受けるという指摘がある。他方、日本で生産されたリンゴやメロン、イチゴなどの農産物の味・品質の良さは、世界でも高く評価されている。

２０１３年、「和食日本人の伝統的な食文化」がユネスコの無形文化遺産に登録された。今後は、日本の農業、漁業なども世界的な市場で成長する可能性もある。

経費を削減する

売上減への対応として経費削減は当たり前の対応策である。経費削減というと、まず従業員の給与削減、人員整理、店舗閉鎖、事業縮小などの対応が思いつく。これらは会社の意思決定次第で実施できるものである。これは、容易な対策であるものの、長期的には、儲けを減らすリスクを伴う。長期的な儲けにつながる経費削減を目指すことが大切である。

長期的な経費削減を継続的に実施するためには、業務の過程・工程や生産プロセスを大きく改善する、いわゆるプロセスイノベーションが求められる。

プロセスイノベーションの代表例にトヨタ自動車のカンバン方式がある。また、コールセンターを導入した、顧客の苦情・問い合わせ対応や商品のニーズ調査などの効率的な実施もあげられる。

情報化の時代にあって、ＰＯＳデータの分析など、情報機器を効果的に使用したプロセスイノベーションについては、多くの会社にとって有効かつ適切な利用が求められよう。

儲けを固定する

会社経営では、儲けをあげることに着目するばかり、売上拡大や費用削減に執着しがちである。しかしながら、日本には、和菓子や日本酒メーカー、飲食店などのように、毎日、毎月、毎年、同じくらいの規模の売上、経費で継続的に経営を行っている会社が多数存在する。その場合、その商品、サービスを必ず購入、利用したいという、そのファンともいえる顧客も存在するのが一般的である。ここに、自分よしと相手よしの関係が実現している。

これは複数の従業員の会社でも同様である。そこでは、従業員たちは、毎日同じ商品、サービスを販売し、それが継続することに満足感を得る。さらに、この会社は、ある程度の余裕に応じて社会貢献活動なども実施するようになる。これにより、世間よしの構図も生まれてくる。儲けを増やすことに着目せず、自分の達成感などによって得られる満足を、相手や世間の満足と同調して捉えることが大切である。

１００年以上も同じ商品を販売し、あまり規模を変えることなく、継続的に経営を行っている会社、いわゆる「老舗」の経営に、世間よしを実践するヒントがあると言えそうだ。

（蟻生俊夫）

第2章 お客様の喜びが原点

お客様が真に求めている商品を探究し、これを提供し続けることで「信頼」を獲得し、事業が発展していく。近江商人のこのような顧客視点の企業活動は、現代では「カスタマー・アウトの思想」などと呼ばれている。本章では固定的寡占市場に創業して成功した企業2社、そして長年にわたり継続的な発展を遂げている企業2社を紹介する。これらの企業は、お客様の「信頼」を競争優位性の源泉としており、近江商人の理念が現代の企業経営においても有益な示唆を与えていることを示している。

1 お客様の喜びと事業の成長

滋賀県近江八幡市には、寝具の製造・販売で大きなシェアを持つ西川産業の創業家である西川甚五郎邸が現存している。同家の初代、西川仁右衛門は1566（永禄9）年に蚊帳や畳表などを主な商品として創業した。二代目の西川甚五郎は、麻布の生地のまま加工されていた蚊帳《かや》を萌葱《もえぎ》色に染色し、これが色鮮やかな「萌葱の蚊帳」として人気を博し、江戸時代の一般庶民の間に蚊帳が広まっていった。これが総合寝具メーカーとして発展を遂げた西川産業の原点であるといわれている。

お客様とのコミュニケーションから、どのような商品を求めているのかを探究し、商品の開発や改良に生かす。その結果、お客さまからの「信頼」を勝ち得て事業が発展していく。このようなお客様の視点からの企業活動は、現代では「カスタマー・アウトの思想」などといわれており、現代の企業経営にも有益な示唆を与えているように思う。

本章では、お客様のよろこびから醸成された「信頼」が発展の原動力となり、また競争優位性の源泉となっていると思われる企業をとりあげ、その重要性を探究する。

2 お客様のよろこびがリーダー企業への挑戦の原動力

お客様のよろこびが市場ルールを超えて、業界のリーダー企業による固定的な市場の中でも後発企業が発展を遂げた事例として、旅行会社のエイチ・アイ・エスを紹介したい。

旅行業界は長年にわたって、ＪＴＢ（旧日本交通公社）・近畿日本ツーリスト・日本旅行などの大手旅行会社の取扱高が全体の６割程度を占める状態が続いていた。同社が創業した１９８０年ころの旅行業界はパッケージツアーの企画販売が中心であり、店舗数や従業員数などの規模の大きさに比例して、売上額・経常利益が増加するものと考えられていた。パッケージツアーを大量に販売することで、旅行商品を構成する航空・宿泊などの大量の仕入れにつながり、大量仕入れは仕入れ原価を下げ、利益率が向上するとともに価格競争力が向上し大量販売につながるという、「規模の経済」の理論のもとで競争優位性を競っていた。したがって旅行業界に独立系の旅行会社を創業しても、店舗数や従業員数で劣るベンチャー企業が大手旅行会社に対抗し、業界の上位に進出することは困難であろうと思われた。

このような固定的な市場にエイチ・アイ・エスは１９８０年に創業したが、１９９３年に業界リーダーであるＪＴＢを経常利益で逆転した。２０１３年時点で海外旅行シェアでは業界2位に成長している。同社の成功要因のひとつは、「お客様とのコミュニケーションから信頼を獲得したこと」（行方、２０１４）であると思われる。同社はどのようにお客様の「信頼」を獲得したのであろうか。

同社は創業時、大学生にフォーカスして旅行会社を創業した。創業当時から同社に在籍していた行方一正氏は、「当時は旅行会社という意識はなく、学生の海外自由旅行の相談に乗っていた。その延長線上で航空券を販売していた」と語っているように、当初は海外自由旅行の経験豊かな行方氏をはじめとするスタッフが大学生の相談にのることに重点がおかれていたようである。

大学生の抱えている課題は、（1）お金がない、（2）しかし時間は充分にある、（3）大方の大学生は海外自由旅行が初めてで旅行情報を欲している、ということであった。そこで同社は事業領域を航空券販売にフォーカスした。航空券はゴールデンウイークやお盆などのピーク時は仕入れ価格が高いが、それ以外の時期は安く仕入れることができる。また、大学生は社会人と違ってＪＡＬがいい、全日空がいい、という希望は持っていないので、日本においてはメジャーではない他国の航空会社のオフシーズンの航空券を中心に仕入れを行い、海外旅行初心者が多い大学生に対して、カウンターで現地の旅行情報や海外旅行ノウハウなどを丁寧にカウンセリングしながら販売した。お客様であった大学生とのコミュニケーションは、同社に対する信頼を醸成したようである。

創業当初、中心的なお客様であった大学生は、数年後には社会人になる。社会人になると

図表２-１　エイチ・アイ・エスの成長モデル

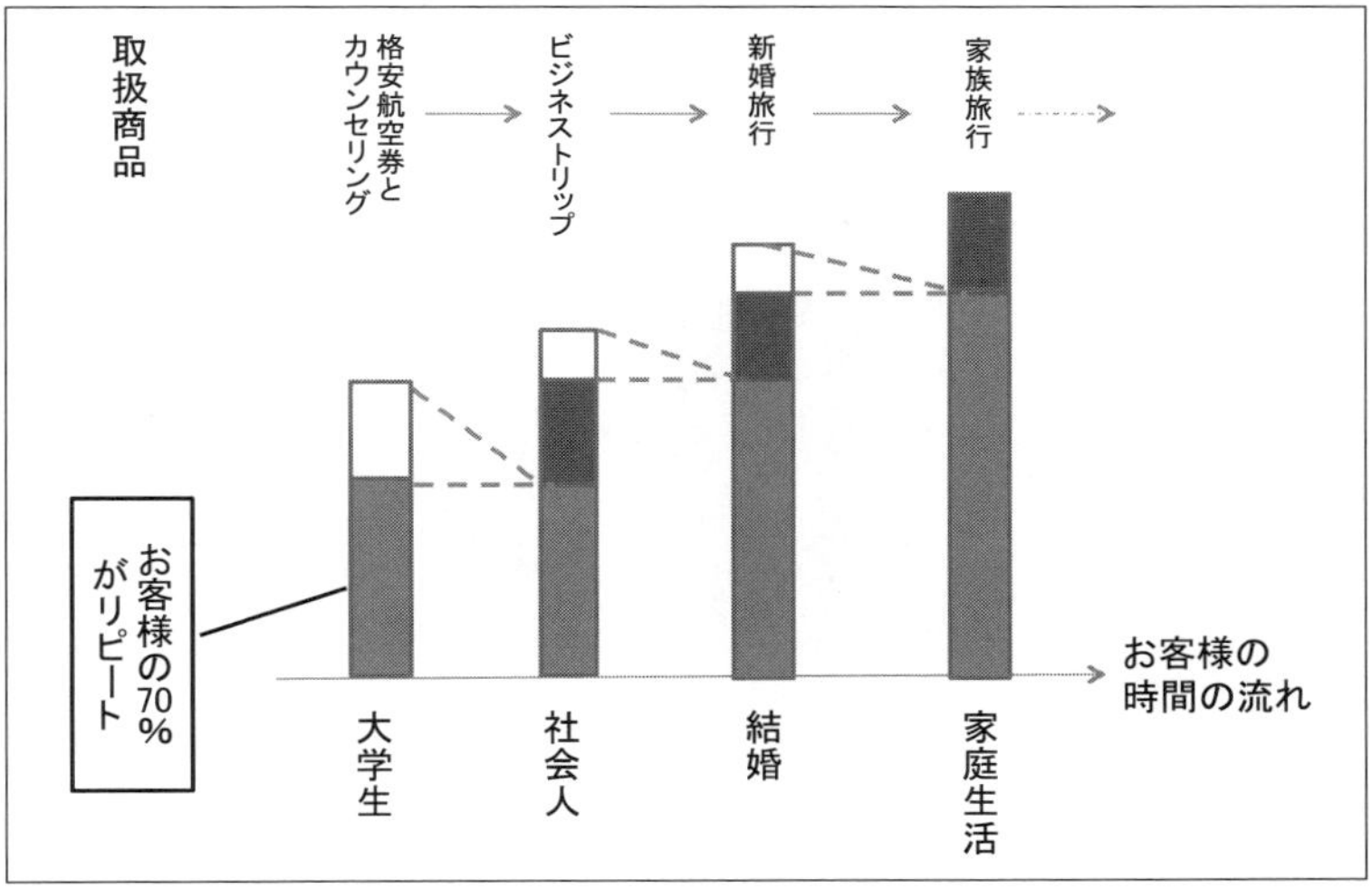

出張や会議などのビジネス旅行の需要が発生する。このとき彼らは、初めての海外旅行で信頼感を持った同社にリピートすることとなる。すると、同社はお客様の成長にあわせて、社会人のニーズにあった航空券を販売する。つまり、多少金額は高くても仕事に合わせて変更ができて自由度が高く、また発着時間が比較的良い日本の航空会社の航空券を扱い、成長した顧客のニーズに応えた。

そしてこのロイヤル・カスタマーは成長を重ねる。次の節目需要は「結婚」であろう。結婚には新婚旅行市場という大きなマーケットが存在する。同社は１９８０年代後半から１９９０年にかけて新婚旅行などのパッケージ商品を開発・発売する。この新婚旅行パッケージはヒット商品となる。その後、創業当初のお客様であった大学生の多くは家庭を持ち、自身の子供と妻、両親などを連れて旅行に出かける年代になると、同社は「三世代旅行」を発売している。このように同社は商品構成をお客様のライフステージの変化に伴って発生するニーズに応えるように拡大している。

同社は、創業当初のお客様であった大学生と丁寧にコミュニケーションを行うことで、同社に対する「信頼」を醸成した。お客様は「ロイヤル・カスタマー」となり、成長に伴って新たに旅行需要が発生したときにまた同社を訪ねる。同社の顧客リピート率は70％を超えるそうである。またロイヤリティーの高い顧客は口コミでエイチ・アイ・エスを宣伝し、新しいお客様を連れてきてくれる。

このように、同社はお客様のよろこびから「信頼」を醸成し、大手旅行会社が寡占的に市場を形成していた旅行業界において、困難と思われていた創業と発展を遂げたと思われる。

3 経営戦略としてのお客様の信頼

前項で紹介したエイチ・アイ・エスと同様に、お客様のよろこびの追求が発展の原動力となった企業として、ベネッセコーポレーションを紹介したい。同社は当初、出版社として創業し、福武書店の社名で「福武文庫」などの書籍や文芸誌「海燕」などを出版していたが、現在は、未就学児向けの「こどもちゃれんじ」や小学生から高校生までの「進研ゼミ」などの通信教育講座、そして子育て情報誌「たまごクラブ」「ひよこクラブ」などの事業を行っている。

出版業界は当時、「規模の経済」の競争ルールの中で販売部数を競っていたと考えられる。たとえば雑誌は大量に販売することで製造原価が下がるとともに広告収入が増える。したがって、取扱書店数の拡大と書店における陳列棚の面積の確保が経営上の重要なテーマとなる。書店への配本は取次とよばれる卸業者が大きな役割を果たしており、古くから取次との関係を構築してきた大手出版社に後発の企業が対抗することは難しいと考えられていた。

後発として創業した同社は、お客様に直接、定期的に教材を届けるシステムを構築し、また担任制の「赤ペン先生」との課題を介した直接のコミュニケーションにより信頼を醸成し、ロイヤル・カスタマーを獲得していった。同社の通信教育教材の顧客リピート率は高く、またロイヤリティーの高いお客様は、「口コミ」で新たなお客様を連れてきてくれる。このように大手出版社が固定的な市場を形成していた出版市場において、困難と思われていた発展を遂げたと思われる。

このような経営は、三谷宏治氏(1999)によると「顧客生涯価値型事業」として経営学の中で説明がされている。顧客生涯価値とは、一生涯にわたって当該企業をどれだけ頻度高く利用してくれるかを、一人のお客様の視点でとらえる事であり、従来の「規模の経済」と対比して「深さの経済」として捉えられている。生産規模や販売規模によらず、対象顧客への浸透度と時間的かつ空間的なカバレッジによって決まるため、その競争優位性は市場の成熟度に関係なく、特に伝統産業市場や寡占市場においては挑戦者がリーダー企業を逆転する可能性があるといわれている。

顧客生涯価値型事業の根源は、その企業に対するお客様の「信頼」である。コミュニケーションからニーズを把握し、お客様のよろこびを追求する姿勢が信頼を醸成する。これが発展の原動力になっていると考えられる。

4 お客様のよろこびが事業の継続的発展の原動力

創業から100年を超えてなお、お客様の信頼を得続け、これが事業の継続の力になっている企業もある。たとえば1913年に創業したハウス食品は、創業100年をむかえたのを機に、ハウス食品グループとしての理念を、「食を通じて人とつながり、笑顔ある暮らしを共につくるグッドパートナーをめざします。」とし、本業の中でよろこびの追求を実践している。たとえば、同社の「お客様主導で進める品質向上活動」は、「お客様から学ぼう」を合い言葉に、お客様からの問い合わせを製品の設計や表示などに反映させる仕組みをつくっている。たとえば、大型のルウ製品が半分残った際に、かさばるため外箱を捨ててしまうお客様が多い。外箱を捨てると「作り方や賞味期限が分からなくなってしまう」というお客様からの声にこたえて、外箱をコンパクトな大きさに変化できるように改良を行った例などがある。

また、同社は１９９６年から幼稚園や保育園の子どもたちにカレー作りを体験してもらうための「はじめてクッキング」教室を継続して実施している。これは、子どもたちが食材にふれて食べ物の大切さを知るとともに、みんなで料理する楽しさや食べる喜びを感じてもらうための「食育」の活動である。筆者が教える大学の中にも、同社の「はじめてクッキング」に参加した学生がおり、楽しかった記憶として残っているようである。同社は創業１００年を超えたが、食を通じたお客様のよろこびのたゆまぬ追求により、「バーモントカレー」をはじめとする数多くの商品が長い間お客様の信頼を獲得し続けていると考えられる。

また、１８９６年に製糸業として創業したグンゼは、現在ではアパレルやプラスチックフィルムなど多角的に事業を展開する企業グループに成長している。同社は、ＣＳＲ基本方針に「売って喜び買って喜ぶ」の実践を規定し、経営者・従業員の共通の価値観としている。これを具体的にしたものが、「お客さまの声」共有システムであろう。お客様に安全・安心で「ここちよさ」を感じてもらえる商品を提供するためにこのシステムを活用し、年間２万件を超える「お問い合わせ」「ご意見」を分析し、商品やサービスの改善に活かしている。たとえば、病院などで働いているお客様からのパジャマやネグリジェに関する意見を分析し、留め外しが楽なボタンへの変更を行い、また裾がめくり上がらないような設計上の工夫を加えた。さらに、アレルギーや敏感肌に悩むお客様に応えるために、肌への刺激を最小限に抑えた「低刺激肌着」を開発するなど、お客様がよろこぶ商品の開発と改良を継続的に行っている。

お客様からの信頼は事業継続の根源である。100年を超えてお客様から変わらずに信頼を得続けることは大変なことである。お客様からの信頼は、継続して「お客様のよろこび」を追求し続けることから醸成される。本項で紹介した二社は、お客様のよろこびの追求を企業風土として根付かせている。これが、長期にわたり、お客様から信頼を得ることにつながっているように思う。

5 ステークホルダーとしてのお客様

企業にはお客様、従業員、取引先、地域社会、株主などの様々なステークホルダー（利害関係者）が存在する。企業の経営判断は、時としてステークホルダー間で利害が一致しないこともある。たとえば、高品質な商品を価格を下げて販売すれば買いやすくなり、お客様にとっては喜ばしいことだが、利益率が減少し、株主にとっては必ずしも喜ばしいとは言えない事もある。ジョンソン・エンド・ジョンソンは、「我が信条（Our Credo）」を経営執行と業務遂行の拠り所としている。これは「お客様」「従業員」「地域社会」「株主」の四つのステークホルダーに対する責任を明記したものだが、判断の優先順位を示しているともいわれている。すなわち、お客様を第一に考えて行動し、従業員・地域社会の順番に責任を果たせば、株主への責任は自然と果たすことができる、という考え方である。

本章では、わが国企業の「お客様のよろこび」の追求の事例を紹介した。これらの事例は、後発企業のリーダー企業への挑戦、そして老舗企業の継続的発展の双方においてお客様の「信頼」は重要なファクターであることを示している。お客様とのコミュニケーションから本当に欲している商品を探究し、このような商品を提供することでお客様によろこびをもたらし、これが信頼を醸成し、企業の発展と継続的な成長の源泉となっている。企業の発展と継続的な成長は、結果として株主の利益になっている。

近江商人、西川甚五郎の「萌葱の蚊帳」の開発にみる、「お客様のよろこぶ商品のたゆまぬ探究」は、現代においても企業の成長と発展の源泉として、企業経営の最も重要なファクターであろう。

（高野一彦）

第3章 人を育てる「感動工場」の「三方よし」

近江商人の「三方よし」とＣＳＲには共通点がある。自分たちだけでなくあらゆるステークホルダーの利益実現を目指している点である。ＣＳＲ推進の土台は、人づくり。経営者が会社の理念・ビジョンを掲げ、社員一人ひとりにコミュニケーションを取り続けることで、「三方よし」を実践する組織が育まれる。グローバル体制の中でそれを体現し、成果を出している企業を紹介する。

1　一人ひとりが実践する「三方よし」

ＣＳＲ推進の要は理念の共有

「ＣＳＲに取り組んでいるが、なかなか社員に浸透しない」「ＣＳＲは大きい会社だからできることだ」「うちの会社にはこんなことをする余裕がない」

このような声を企業のトップやＣＳＲ推進担当者からよく聞く。詳しく話を伺うと、ＣＳＲの本質的な理解が薄かったり、外部からの評価を意識した形だけの取り組みが多い。

一方で、ＣＳＲが浸透している会社もある。社員一人ひとりが会社の理念に沿った行動を自然としており、顧客やステークホルダーから高く評価され、成果につながっている。

違いはどこにあるのだろうか。浸透している会社は、以下の二点をきちんと行っている。

一つは経営トップが会社の理念やビジョンを掲げ、推進部門だけでなく全社的に活動していること。もう一つは理念やビジョンを社員と共有するため、トップ自らが社員やステークホルダーと継続的にコミュニケーションをとっていることである。

この二つが行えていると、ＣＳＲは社員一人ひとりに浸透し、どう行動すればよいか自然と考えられるようになる。そして、社内モラルが高まり、仕事へのモチベーションが上がり、生産性向上や危機管理にもつながっていく。

「三方よし」と「感動工場」

この本のテーマである近江商人の「三方よし」とＣＳＲ推進活動は、まさに通ずるものがある。近江商人は「売り手よし、買い手よし、世間よし」を活動理念としており、商人やその妻たちへの教育にも力を入れていた。また、近江の寺子屋で学ぶ女子率は、全国の中でも大変高かったことが知られている。

その近江商人の文化を現代に引き継ぐように、「三方よし」を体現している工場がある。日本テキサス・インスツルメンツ・セミコンダクター株式会社会津工場（以下、ＴＩ会津工場社員数：約４００名）である。親会社のテキサス・インスツルメンツ（ＴＩ）は、米国系半導体メーカーで、１９６０年代から企業倫理を実践している先進グローバル企業として知られている。

本章では、この工場を例にあげ、具体的にどのような取り組みをすれば、一人ひとりが「三方よし」を自然に実践するような組織になるのかをお伝えしたい。

２「三方よし」が育まれる人づくり

人づくりはビジョンから

ＣＳＲ活動は、経営トップがまずビジョンを掲げることから始まる。ＴＩの日本工場では現在、全ての工場が「感動工場実現」を目指している。感動工場とは「卓越したサービス」を分かりやすく翻訳し直した言葉である。

卓越したサービスを提供するには、お客様視点に立って市場環境を理解し、お客様のニーズに迅速に応えなければならない。そのためには、「高感度、最適・最速行動」が必要であり、「感じて動く」ことのできる人材になってほしい。「感動工場」には、そのような思いも込められている。

このビジョンには製造業は「物を造る業」ではなく、「お客様の望むものを、よい品質で、安く、速く、安全にお届けするサービス業である」という原点がある。

ビジョン形成の背景には、激化するグローバル競争で打ち勝つため、差別化された価値を創出するという目的があった。大分の日出工場で打ち出され、その後、茨城の美浦工場、そして2010年にTIに仲間入りした会津工場へと展開されている。

2005年に「感動工場ビジョン宣言」が出されてから6年後には第二ステージとして、「信頼と挑戦の感動工場実現」を掲げ、これまでの「サービスを提供する」という目標から、「ビジネスパートナーとの信頼関係を築き、共に挑戦する」ことへと段階が上がった。安定し、優れた製品を作って顧客に提供するだけではなく、セールスも担う工場へと進化している。

人づくりのマネジメント

次に必要なのは、社員一人ひとりがビジョンに共感し、自分の仕事につなげていくことだ。ＴＩのマネジメントは「物づくりは人づくり」というメッセージを全社員に向けて発信した。「感受性の高さ」「個の力を超えた共同作業力」、そして「地道な活動を継続する忍耐力」といった日本人が得意な部分に更に磨きをかけて世界に発信し続け、日本の製造拠点としての存在価値と自分たちの人間性の向上を実現していこう、と説いたのだ。

さらに、人づくりの土台として、欠かせないのは労働安全衛生分野への取り組みだ。社員の安全や健康を疎かにしては、その上に高い建物をつくることはできないと考えているからだ。ＴＩ会津工場では、上長が社員の安全や健康にしっかりと目を配るという文化醸成の甲斐あって、社員の健康診断受診率１００％を達成し続けている。また工場内の環境・安全衛生などの取り組みが高く評価され、毎年ＴＩ本社から表彰され続けている。

人を育てる５Ｓ（ファイブ・エス）

生産性向上の基本といわれる「５Ｓ活動」である。普通はこれを「ごエス」と読み「整理・整頓・清掃・清潔・躾」の５つを指すが、ＴＩ会津工場ではユニークな視点を取り入れている。５つのＳが達成されたらセカンドステージの「０（ゼロ）Ｓ」という地点に進み、さらに高い水準での５Ｓを自立的に進めていく点である。

図表3-1 TI会津工場ではこのような図を使って、社員とビジョンを共有している

提供：日本テキサス・インスツルメンツ・セミコンダクター㈱会津工場

ここで言う0Sの地点とはお客様視点である。「お客様がこの場所にいたとしたらどう思うか？」「お客様がこの現場を見て製品を買いたいと思うか？」を徹底的に追求する。

そして物理的な5Sが完成したら、今度は思考と行動の5Sが始まる。「自分の思考に優先順位がつけられ、シンプルになっているかどうか？」「行動に無駄やムラはないか？」といった、人材育成にもつながっていて奥深い。0Sというお客様視点や自分自身の頭の中の5Sということまで進めていくと、自然にモチベーションが高まっていく社員も多い。

究極的にグローバル競争に勝ち続けるためには、価値ある仕事をスピードと正確さをもって協力的に行動できることが肝要だ。それには思考の5Sが求められるのである。

ダイバーシティと女性活躍推進

ダイバーシティ（多様性）を力にする取り組みとして、ＴＩ会津工場では、社員の割合的にはマイノリティーになりがちな女性たちの活躍を推進するために、ウーマンズ・イニシアティブ・ネットワーク（ＷＩＮ）を発足した。女性同士のネットワークや研修などを通じ、組織の最前線で活躍する社員を育てている。ＷＩＮからの提案で女性専用の休憩所を作るなど、女性が働きやすい取り組みを模索中だ。各種制度の充実やこれらの取り組みが評価され、会津若松市からは「平成25年度男女共同参画推進事業者」として表彰された。

3「三方よし」と風土改革

自立・自律型社員を育てる教育研修

「そのような取り組みを行う雰囲気が、わが社にはない」と嘆く方がいるかもしれない。しかし、ＴＩ会津工場でも、最初からそうだったわけではない。ＴＩが別の企業から買収した会津工場は「言われたことをやる」から、「自分で考えて動く」ことが重視される社風に大きく変わった。買収当時は戸惑っていた社員も多かったと言う。

そんな中、継続的な社員教育を行って風土改革に取り組んできた。まずグローバルマインドセット教育により、時代の流れを読み、素早く動ける社員を育成してきた。

リーダーシップ教育では、社員の自主性を育てている。期末に行われる面談では、上司が「あなたは何がやりたいの?」と尋ねる。社員が自分でどう行動したらよいかを考えさせる質問をしているのだ。

その他にも、全社単位での研修、管理職研修、グローバルで行われているタレント・パイプライン研修などが実施され、統合的な人材育成に力を注いでいる。

「三方よし」につながるチームづくり

また、ユニークな取り組みとして「工場長塾」がある。工場長自らがファシリテートする、ゼミ形式の教育活動だ。内容はライフマネジメントからリーダーシップ論まで幅広く、期間は半年で、多くの課題が出る。最終的には教わった人が他の人に教え、学びを広めて行くということを目指している。

さらに、日本の生産拠点にはクロスファンクション(組織横断型)チームが数多く存在する。このチームは感動工場をつくりあげるために、職務に縛られず様々なアイディアを実行していく。そのおかげでこれまでは自組織のことだけを考えていた社員が、会社全体を良くしようと意識し始めた。

4 自然と生まれる「三方よし」

ワン・チームでの「相手よし」

ＴＩでは、「人づくり」を「人を大切にする」とも解釈する。「自分が大事にされた人は、人を大事に出来る」という持論があるからだ。

感動工場では「想像を超えるおもてなし」を大切にし、工場全体が一つのチームとなって従業員はもちろん、パートナー企業とも連携し、お客様を感動させる取り組みを行っている。

工場の買収直後から五十嵐工場長は、清掃会社のパート社員や食堂のスタッフに「一緒になって感動していただこう！」「ＴＩが客だと思わなくていい。私たちのお客様をお客様だと思ってほしい」と自ら積極的に声をかけ続けてきた。「社員が挨拶しない会社は、経営者が挨拶をしていない」と考え、経営陣はもちろん、全員が挨拶をする組織をつくっている。

このような経営陣や社員たちの姿勢を見て、工場の食堂を手がける㈱グリーンハウス、清掃・警備業務を手がける㈱リンレイサービスの従業員たちも、ＴＩのために一丸となって感動をつくり出そうという気運が自然に高まった。売上に貢献してくれた商社の社員を表彰接待するために工場に招いた時にも、キッチンスタッフが発案してその企業のロゴの形に配置したプチケーキのデザートを作ってくれたという。

このようなワン・チームでの感動工場の取り組みを通して「製販コラボ」（本社の営業社員や商社にお客様を連れて来てもらい、工場で感動してもらって製品を売るという仕掛け）を実施するなど、ビジネス拡大につながる成果も生まれている。

現在では、工場のミッションも「工場が最高のセールスパーソン」になることから「お客様の最高のパートナーとなる」と刷新された。感動工場実現への取り組みはこれからも段階を重ねながら続いていく。

5「三方よし」につながるステークホルダーとの連携

相手の成功を考える

ＴＩ会津工場にとっての「三方よし」とは、すべての関係者に対する期待をはるかに超えるサービスを提供し、「あなたの会社のためなら喜んで安くする」と言ってくれるような信頼関係を築くこと。外部のステークホルダーの成功につながるよう、「相手がもっと付加価値をあげるために、ＴＩは何ができるか？」を真剣に考え、一緒に成長していくことである。

パートナー・地域社会と共に成長する

ビジネスパートナーである商社を対象に教育もしている。営業の側はどうしても販売だけに目がいきがちだ。それを補うためにも作業工程や５Ｓの状況を直接見てもらい、他社商品との違いを知ってもらうことで品質の高さを実感してもらう。

その結果、お客様へのアピールポイントが増え、「一度見に来て下さい」とお客様を工場に誘いやすくもなる。副次的な効果として、お客様とも５Ｓの交流にまで広がっているケースが多くある。

さらに、地域社会との連携も進めている。周辺住民を招き、工場見学会を通して会社のことを知ってもらい、ＡＥＤ（自動体外式除細動器）に関する研修会を行った。その取り組みは地元の新聞にも取り上げられた。

「買い手よし」「取引先よし」「地域社会よし」を実践している企業は、長期的視点にたち、時間をかけて信頼関係を構築している。

６ これからの実践にむけて

ＴＩのいる半導体業界は、世界で最も競争の激しい産業分野の一つである。現在、グローバル企業のほとんどはファブレス（工場を持たず、生産を外注する企業）である。それにも関わらず、TIは人件費が高いと言われている日本にも生産拠点をおいている。しかし、会津工場は、TIがもつ海外工場の中でも美浦工場と並び、高い成果と生産性をあげ続けながらコスト競争にも打ち勝ち、世界を牽引しているのだ。

グローバル競争の厳しい状況下において、日本の中でこのような工場があるという事例は、私たちに勇気を与えてくれる。

CSR活動を浸透させたいのであれば、形を整え、お題目を唱えているだけではなく、自組織の理念に立ち返り、土台にきちんと目を向ける必要がある。その上で、このような取り組みを日々愚直に続けることで、世界に伍して戦えるチームが創られていく。

今回の事例の中で、「これなら、すぐに始められそうだ」ということがあったら、ぜひ取り入れていただきたい。小さくても実践することから、会社は変わり始めるからである。

（村松邦子）

謝辞：取材・情報提供にご協力いただいた日本テキサス・インスツルメンツ・セミコンダクター株式会社会津工場、五十嵐静雄工場長とコミュニケーション担当の鈴木公子さん、バルーン・コンサルティングの佐藤彩有里さんに深く感謝申し上げます。

第4章

〝協働システム〟で人を育てる

新江州、ボルボ、アサヒビール

私企業がCSRなどの社会的活動を末永く続けていくためにはどうすれば良いのか？　その質問に、江戸時代の近江商人の人を大切にする経営を参照しつつ、国内外3社の企業事例をもとに答えてみたい。業種や規模も異なる3社の社会活動に共通するのは、多様なステークホルダーとの〝協働システム〟によって、人を育てる仕組みを構築しているところにあると言ってよいのではないか。

1　経営と社会活動との〝協働システム〟をもつ会社

滋賀県長浜市に本社を置く新江州㈱は、経営理念の中に「人を大切に」「新しい価値の創造」「豊かな未来社会への貢献」という三つのキーワードを掲げる従業員160人の会社である。ワークライフバランスや子育て支援、工場見学やインターンシップの受け入れなどにも積極的に取組むことが評価され、森建司会長自身がNPO法人環境文明21の第2回経営者「環境力」大賞を受賞している。

同社の歴史は1947年、森会長の父親が紙問屋を創業したのに始まる。その後、包装資材・産業資材・住宅資材の製造販売へと多角化し、さらにグラフィックデザインや印刷などソフト分野のビジネスにも進出し、2011年には韓国に電子材料や合成樹脂・高機能素材などの商材販売会社を立ち上げ、グローバル化を進めている。

同社事業の特長は、①顧客のニーズを聞くだけでなく、②社会基準に合わせた加工品を作るとともに、③社会変動を予測して次世代ニーズに対応するビジネスを追求するというところにある。たとえば包装資材の改善に当たっては、必ず廃棄物になるものであるから「その削減は社会的要請」だと捉える。

そのために、1997年の容器包装リサイクル法施行をにらんで環境対応の資材等を展示する「エコロジー情報館」を開設したほか、県内の大手スーパーなど共に「NPOエコ容器包装協会」を設立して包装資材の削減にも取り組んだ。しかし、この包装ゴミを減らす活動は不発に終わる。後年自身が執筆した『中小企業にしかできない持続可能型社会の企業経営』（サンライズ出版）に、「『生活者である消費者の意識や行動が変わらないと（経済至上主義の）体制は変わらない』と気づかされた」と書き込んでいる。

2001年春、森会長は「循環型社会システム研究所」を設立して、環境倫理の普及・啓発活動を始める。同社の「大切にする人」すなわちステークホルダーは、お客様や従業員とその家族だけでなく、取引先、地域社会の人々にも広がった。こうして環境先進県に立脚する企業として、自然環境への配慮、豊かな社会や暮らしの実現に貢献していくための経営スタイルが築かれた。筆者は、同社の企業経営と社会活動の二つの分野を協働させるシステムに注目した。

2 CSRを重視する経営は矛盾する？

協働させるといっても、企業経営と社会活動とは行動原理がまったく異なる。だからこの両者は組織的には直接連動しないし協働することも難しい。環境経営であれCSR経営であれ、それぞれの活動に真摯に取り組もうとすると必ず陥る問題がそこにある。自己矛盾をどう解決するかという命題である。

現代の近江商人を自認する森建司研究所長はこう言う。三方よしは自社の利益追求だけを考えず、「世のため、人のため」を考えて商いせよということだから、事業者には「包装材料を少なくして設計する」ことや「通い箱を使うように工夫する」ことが要求される。まさに「三方よし」は経営的にはマイナスになるのである。このような自己矛盾は自動車の生産・販売であっても同じだ。たとえ環境性能を飛躍的に改善しても、販売台数や走行距離が大幅増となれば温暖化ガス排出量や廃棄物量も増大してしまう。「全体の量を削減したほうがよい」ということになる。

つまり「買い手よし」「売り手よし」だけを追求していると、右肩上がりの増産に励むことになり「自然環境を破壊し地球温暖化が進んでしまう」結果となる。現在の経済至上主義社会は「大きな矛盾」を抱えているのであり、決して「このままの体制が存在し続けられるものではない」ことは自明の理である。

そこで「社員に給料を払い、自身や家族も食べていかなければならない」ことは前提としつつ、「買い手に喜んでもらい、世のために尽くす」ために、「研究所の活動」をするのだ。それは決して目立つ存在ではないが、会社の本業を自己矛盾に陥らせない仕組みなのである。

3「生活者」が変わるために企業ができること

循環型社会システム研究所は、自然界に学び、人間の根本的な生き方への問いかけを行っていくために、2003年「M・O・H通信」という季刊小冊子を発行し始めた。生活者の意識改革や消費型社会通念からの脱却を働きかけると共に、人生哲学を学ぶメディアでもある。2014年12月には「経済・しあわせとは？」を特集した第46号が発行された。

「M・O・H」とは森所長のモットーである「もったいない，おかげさまで，ほどほどに」の頭文字から命名された名称。このモットーのもと、毎号、所長の巻頭言や有識者との対談、循環型社会を支える事業者や団体の活動、そこで働く経営者や社員・職人たちの気概や生活の取材記事、エッセイ、NPO活動の紹介などの多彩な記事が掲載されている。また所長や所員による講演や地元の諸団体との協働事業の報告もあり、まさに「世間よし」のつながりを築き、人々を支え、先行事例を記憶に残す役割を演じている。

毎号の発行部数は約7000部。これまでに市井の生活者から、嘉田由紀子（前滋賀県知事）、武村正義（元滋賀県知事）、田原総一朗（ジャーナリスト）といった政治家や有識者が紙面に登場し、生活者や社会からの視点を語っている。

今日の日本は、経済社会の仕組みを大きく変えようとしている。だから、超長期の視点から多様な経営リスクを想定しておかねばならない。どんな大波が来ても倒れぬ経営、雇用を維持しつつ自然環境にも配慮し、豊かな社会や暮らしの実現に貢献していくような経営を創造していくことが求められる。それはどのような経営なのであろうか。

4 私益を超えた「社員教育テキスト」

スウェーデンの自動車会社日本法人、ボルボ・カーズ・ジャパンは、1990年5月17日付の日本経済新聞に「私たちの製品は、公害と、騒音、廃棄物を生み出しています」という逆説的コピーの全面広告を掲載して関係者を驚かせた。また96年には革新的な社員環境教育用テキストを発行し、全グループ・全階層の環境教育を行い評判となった。

全3冊シリーズの1冊は「エコサイクルと生命が生まれる環境」というタイトルが付けられている。その表紙を開けると、宇宙から見た地球の写真。さらに開けていくと「私たちは環境に予想以上の損傷を与えています」という活字が目に飛び込む。

そして「宇宙創造」から「生命の誕生」「自然界の法則」「人類の進化と工業社会」に至る壮大な地球史が要領よく紹介され、さらに今日の社会が「環境汚染と健康・多様性に対する脅威」を受けていることが紹介され、最終頁は「次のことを忘れないでください。地球の資源は限られていても、私たちの能力は無限だということを。」というメッセージで締め括られる。

この40頁ほどの冊子が日本企業の環境報告書やＣＳＲレポートなどと違うのは、企業活動の環境データ編でも業務知識編でもなく、一人ひとりの人間にとって環境がどれほど大切なのか、また環境が個人の生活や生き方にどう関わり、人々は何を目指すべきかについてしっかりと書き込まれていることである。児童も読める学術書とも言えよう。

多くの日本企業も、環境報告書やＣＳＲレポートを発行し、社員教育や環境ボランティアへの参加を奨励するなどの施策を通じて、環境意識を高める働きかけをしている。しかしその大部分は、社員が「自分たちの仕事もどこかに問題があるぞ」と気づき「環境負荷削減のための事業を創造・成長させる」使命を自覚するようなものではない。概して自社の優れた活動だけを説明したり、環境保全活動の正当性を証明したりするだけの内容になっていることが多いのではないだろうか。「自分ゴト」にならない環境教育の実効性には疑問符がつく。

社員教育で重要なことは何だろうか？　環境活動の実態や環境コストなどの情報提供もそれなりに重要だが、自分自身の生き方や働き方などの見直しのきっかけをどうつくるかが重要なのではないのか？　排出権取引とか生物多様性などの専門知識も大事だが、30年、50年使われる製品の廃棄も考えない設計や製造、とにかく売上第一の押し込み営業、お客が来るからとの長時間労働、そのような環境負荷を大きくする仕事をしている人が環境経営やＣＳＲ経営を支えられるはずがない。

利益を上げるということと社会にも有用だということは簡単には両立しないから、環境経営やCSR経営には高度な経営判断が求められる。社員も人一倍の知恵出しや力業が求められる。この仕事はつまらないという人も、どこかで幸せにつながっていると思えると力が湧いてくるはずだ。幸せと感じる場面は人さまざまだけれども、どこかで他の人たちとで感動したり共感したり、生き生きとした感覚を共有することが幸せであることの一つだろう。人とも自然とも、動植物ともつながっている、共鳴していると感じる。自分も、循環している生態系の一員なのだという意識を想起することができれば、どんな小さな仕事でも、それが多数の人々を通じて大きく循環していることに気づくに違いない。

これまでの、知識偏重、管理型の社員教育を大きく変える必要がある。

5 タコツボ型社員教育の罪

ボルボの環境教育テキストの中に次のような一文がある。人間も自然のエコサイクルの中で存在しているので「ひょっとしたら、あなたの左のつま先の中の炭素原子は、先週、サクランボの一部だった」かもしれない――。

ここで示唆されていることは、我々のような人間も、自然の法則に組み込まれているという事実である。この話をあるオフィス家具のデザイナーにしたところ、彼は「1950年代に作られたウチの会社の机が何度も転売されて工事現場でまだ使われている」ことを知ってから、「製品の50年後の姿を考えるようになった」と話してくれた。原子レベルにまで分解されて循環しなくても、モノは時間と空間を超えて流通してしまう。それが我々の地球の真実なのである。

ビジネスとは直接つながらなくても、現地社会で環境や人権に関わる具体的な出来事を直接身体で実感すると、他人事と言えなくなる。問題意識がまったく違ってくる。環境経営やCSR経営のような、これまでの企業経営の常識（パラダイム）を変えていこうとするのであれば、社員教育のパラダイムも転換すべきなのだ。社員に、まず「これはなんとかしたい」という気持ちを高めてもらう仕組みが大切であり、植林や農業体験、途上国の教育支援のような場を経験してもらうのもよい。

製品開発であれ起業するのであれ、理屈をこねて始めたり、いやいや取り組んだりではまず成功はおぼつかない。萎えた体をマシンや健康食品で補うのではなく、身体を生き生きと動かし、「いまのおかしさ」への批判力を高めることだ。問題は、いまの自分の生き方や働き方との関係性だ。自分が関わる「自分ゴト」として切実に感じられるかどうかなのだ。

しかしなぜ「いまのおかしさ」を感じない人が多いのだろうか。それは社員の視線がマイホームや職場、歓楽街の居酒屋にしか向けられていないからだろう。言うなれば社員がタコツボに籠もっているようなものだ。世界のモノ、カネ、情報が絶え間なく循環し、今日の北京のＰＭ２・５が明日にもわが家の居間に届く時代に、タコツボからそっと覗くだけではグローバルな世界は全く見えてこないだろう。

大切なことは、社員を狭い世界に囲い込むのではなく、70数億人の人々が生活したり仕事をしたりしている、広い世界とさまざまな関係を持たせることだ。それは江戸時代中期に近江の商人たちが試みたことだった。

6「其国一切の人を大切に」

近江は、鎌倉・室町時代から交通の要所として活発な通商活動が行われていたが、戦国時代を経て織田信長の天下統一で楽市・楽座制度が施行されると、さらに商工業が発達した。そして江戸時代も中期になると、この地の農民は余業として地場産業ばかりでなく商業にまで進出して滋賀県南東部の八幡町（現近江八幡市）、日野町、五個荘町（現東近江市）などの地域からは近江商人と呼ばれる商人が数多く輩出した。その足跡は国内に止まらず安南（ベトナム）にまで及び17世紀初頭、ベトナムのホイアンという町には１０００人ほどの日本人が住んでいたとされる。

このような先駆的な商業活動を行った近江商人の特徴は、①創業期には天秤棒を担いだ行商形態をとり、②商圏の拡大とともに全国各地に出店を設け、③薄利多売の方針のもと営業の種類が多岐にわたり、④共同企業形態や会計帳簿に見られるような合理的経営を行ったことで知られる。また⑤勤勉・倹約・正直・堅実の経営者精神に支えられていたという（滋賀大学経済学部「朝日・大学パートナーズシンポジウム」）。

近江商人の経営者精神の核となる「三方よし」とは、売り手、買い手だけがよければいい、という考えではなく、商圏地域の人々も重視して商売をするという考えである。近江商人は「本拠地を近江に残し、営業基盤は他国に存在した他国稼商人であった」（上村洋２００９）ため、地元だけでなく商圏の他国での社会貢献も重要な課題として捉えていた。

たとえば、「中村治兵衛家では『他国へ行商するも総て我ことのみ思はず、其国一切の人を大切にして我利を貪る事なかれ』と説いていたし、高井作右衛門家では、店を構えた上州藤岡で酒造業と質屋を営み、同家の年中行事には町内に配り物をし、日常的に地着きの町内の者と安定した人間関係を維持し、よそ者意識を払拭した」（末永國紀２００４）のである。

近江日野商人の中井源左衛門家は豪商として幅広く社会活動を行っていたが、その活動内容は「慈善的動機だけでは説明できない」施行《せぎょう》も存在し、天明や天保の飢饉時には町の役人からの依頼で例年を大きく上回る米や金の提供を行っていた（朴 弥怜２０１４）とされる。

しかし時代の大波は近江商人も例外としなかった。近江商人の出店は、東北・北関東の主要な商業集積地に広がり隆盛を極めるのであるが、その発展は明治維新を迎えて一時挫折する。出店の多くが「明治維新時に戦場となった東北にあり、維新戦争のあおりで倒産した老舗も少なくなかった」（木村至宏１９８７）からだった。

やがて下級武士から明治新政府に登用された者や全国に通商拠点を構えて情報収集に積極的だった近江商人は、繊維産業の勃興と共に復活し、やがて海外の市場にも進出していく。伊藤忠商事や丸紅の創業者として知られる伊藤忠兵衛は数え18歳の時に長崎へ西国持ち下り商いに出かけ、「開国による経済のグローバル化を目の当たりにして後に総合商社創業のヒントをつかんだ」（末永國紀２００４）とされる。危機なればこそ、積極的に打って出る力が必要なのだ。それはどこから生み出されたのだろうか？

7 〝協働システム〟による教育が人を育てる

江戸時代、町人の子弟に読み書き、計算や平易な道徳等を教育した民間教育施設は寺子屋あるいは手習所と呼ばれていた。全国的にみると、寺子屋の数は天保期（１８３０～44）以降に急増したが、五個荘では１６４０（寛永17）年の梅廼舎《うめのや》をはじめ早くから開校し、明治時代の学制施行まで存続している。

近江商人を多数輩出した五個荘の寺子屋では、最盛期に10校の寺子屋があり、一校あたりの平均寺子数は全国60人に対して五個荘は110人ときわめて多い。同様に、女子の比率も全国値より高かった。さらに算術教育の普及率も全国値21％に対して、五個荘では70％に達しており、商家へ奉公に出るための能力を身につけることがそれだけ期待されていたのである。

このような実践教育の伝統は明治以降の時代にも引き継がれる。1905（明治38）年創立の大津実業補習学校（現：県立大津商業学校）では、当時から先進的なキャリア教育を行っていた。商業実習では、生徒4～5人を一班として「各班独自で仕入れた雑貨商品を大八車にのせて『行商隊』と記した幟を立てて、一週間くらいの日程で、県内を生徒だけで行商させた」（木村至宏1987）。天秤棒行商の伝統を受け継ぐインターンシップのプログラムである。

今日のCSR活動の重要な分野の一つが、児童・学生への教育支援である。採用活動の一環としてのインターンシップは論外であるが、多くの企業が工場や事業所見学の受け入れや自社施設の開放、講師派遣・出前授業などで支援を行っている。これは確かに有益な試みであるが、企業の一方的な支援という形になっている場合が大部分である。しかし長続きさせるためには、企業側にも何らかのメリットが必要となる。協働システムこそが相乗効果をもたらすのである。

アサヒビール㈱が2006年から開始している「日本の環境を守る若者育成塾」は、次世代を担う高校生を対象とした社会問題の解決力を育成するプログラムとして「平成26年版環境白書」にも紹介されている。これは論文募集、夏季合宿、地元での環境活動、そして最後に成果発表を行うという、ほぼ半年間のプログラムである。

図表４−１日本の環境を守る若者育成塾の運営体制

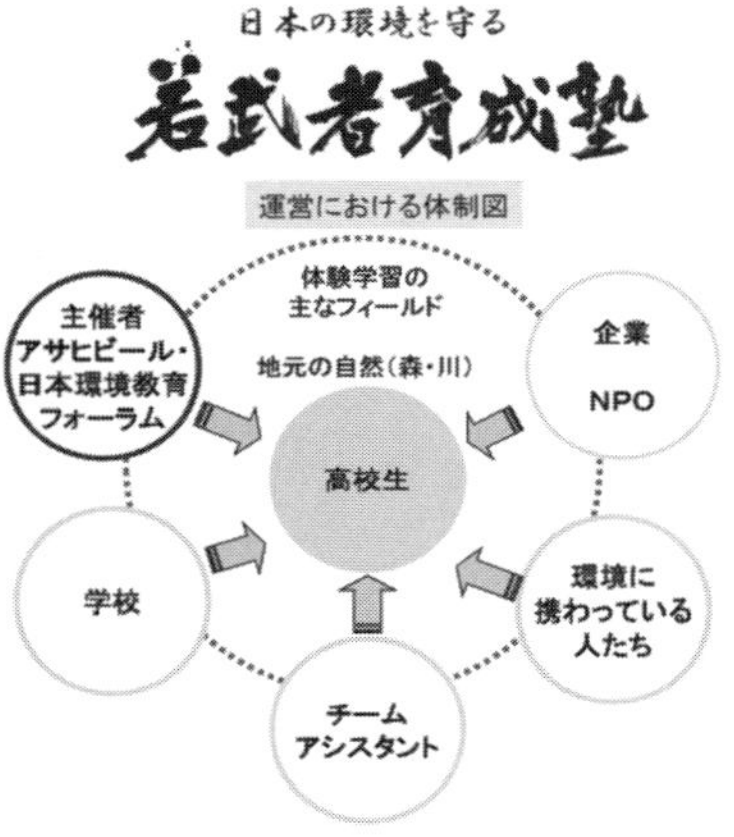

意欲のある高校生グループが「環境問題を肌で感じる」だけでなく、その「問題解決法を体験学習や企業訪問を通じて学び」「自分で考えた取組を実践する」ことで、「課題を乗り越える力を身につける」という目的をもつプログラムである。このプログラムの特徴的な仕組みは、高校生の環境活動に企業の社員やＮＰＯの職員、引率教員、地元の人々など多数の関係者が関わっていることであり、また活動報告を成果とするのではなく、合宿や地元での実践活動を通じて体験的に創造した「活動モデル」を成果としているところである。

同社資料によれば、合宿に参加した高校生の自己評価は、「環境問題に対する興味」だけでなく、「異なる価値観を受け入れる力」「回りの友達の相談に乗ってあげる力」「自分から行動する力」などの項目で高まっている。成熟社会日本社会で求められているのは、海外の優れた事例や書籍の中にある知識だけではない。自分たちが知らない世界で何が求められ、どのように対応していくのかを実践的に理解する。その力を協働して生み出すことが我々に求められているのである。

（清水正道）

第5章 取引先との連携
～地域との一体感を重視～

近江商人は取引先との共生のため、お互いの強みを活かし、取引先の身になって行動した。さらに取引先との信頼の域を超え、地域の生活の質向上にも目を向けていった。まさに「世間よし」を活動の基盤とし、地域の発展・繁栄に貢献したのである。家訓を大切にし、環境に素早く適応する進取の気概、そして取引先を魅了した誠実さの源泉は信仰心にあった。そんな近江商人が持っている不思議な魅力を紹介していく。

1 サプライチェーンマネジメントの原点

取引先との共生

現代社会で活動する企業にとっても、取引先の選別と管理は企業活動の信用・信頼を大きく左右する。企業は、信用・信頼がおける取引先なのか否かを峻別し、不測の事態に対しても安定供給を旨とする行動が必要である。なぜなら、社会を裏切らない、社会のために行動する姿勢を、社会は冷静に見つめているのである。

戦国時代後期から江戸時代に、今の滋賀県あたりから近江商人が発生した。彼らは近江の国内で生産された特産物を他国で販売したり、地方の特産品と輸送方法を無駄なく組み合わせた諸国産物廻しによる特有の経営システムを確立した。まさに地域経済の発展に大きな役割をはたすこととなる。

このような経営システムは、相手の商人の人柄や土地柄などをことさら吟味する商才を必要とした。それを見事に成し遂げたのが近江商法であった。その基本は取引先との共生という、自分中心の考えではなく、相手の発展・繁栄を意識した行動がそこにはあった。

事実、近江商人は取引先の生産にも知恵を出して関与し、商品化のために技術導入や市場開拓にも尽力した。北海道では漁場の開拓や港の整備にも関わっている。実に小気味が良い。

サプライチェーンマネジメントの原点は近江商法にあった。

お互いの強みを生かした取引

もともと近江の地には特産品として畳表や蚊帳、売薬、麻布などを生産する地場産業があり、これらの品は全国で充分に通用するものであった。近江商人の強みの一つはここに在った。これらを他国で販売した後、帰りは他国の特産物を仕入れて販売しながら帰るやり方、行きと帰りの両方で販売活動をする通称ノコギリ商法を実践した。

このノコギリ商法により他国の潜在的な強みが顕在化していった。同じ地域ではそれほど重宝されない品物も遠くの国では重宝がられるのである。これは今も昔も変わらない。近江商人が行く所、行く所で地場の強みが発見されていく。さらに近江商人は他国の地場産業にも熱心に関わり、お互いの強みを最大化していくことに注力するのである。近江商人のこうした活動は他国において信頼と価値を高めていくことになる。

また近江商人には「押込め隠居」という言葉が存在する。店の当主がいい加減な商いや遊びごとにうつつを抜かして、家産を危うくしそうなときは合議でもって当主を強制的に引退させるのである。

このことは取引先に安心感を与えると同時に、取引先も近江商人との取引には最善を尽くすこととなる。近江商人が発動する行動指針が取引先の行動指針までも正のスパイラルへと導いたのである。

地域の生活の質向上

地方の特産品と輸送方法を無駄なく組み合わせた諸国産物廻しは、地方産業の育成と文化の伝播に貢献した。物と一緒に他国から情報ももたらされ、今までにないイノベーションの芽が生まれていく。地方は生き生きとなり、豊かな生活を手にして行く。近江商人たちも大きな富を得ると同時に彼らの価値を向上させた。

これこそが近江商人の真骨頂である。経済性と公共性を同時に均衡拡大していく商法である。自分本位に目先の利益に飛びつかないで、地域の取引先と永いつきあいをしていく基盤を作りながらお互いが発展していく。さらにその発展は社会を豊かにすることを目的としたのである。

商売が上手い下手の次元の話ではない。商売に対するものの考え方、精神の世界の話である。その精神を見極めるべく話しを進めたい。

近江商人が持っている不思議な知恵

近江商人の行動、態度、姿勢には一種の商売の究極性のようなものを感じる。取引を行う上で、取引先との間にウィン・ウィンの関係を構築することは大切なことである。自分だけ儲かればよいと思っていては信用をなくす。他国で商いをさせてもらうには信用と信頼は不可欠である。誰もがうなずく当たり前の常識だろう。

しかしである。近江商人たちは、それだけでは自分たちの商売は永続しないことを悟ったのである。商売を継続するのに、もっとも大事なことは安定した社会、安心できる社会、繁栄する社会の存在だった。今、行商にきているこの場所が昨日より今日、今日より明日が豊かな空間になるように、常に心掛けた行動こそが真の信用と信頼を得ることだと知っていた。

近江商人が無意識の中に持っている不思議な知恵である。社会の発展・繁栄があってこそ自分たちの商売も繁盛するという考え方である。幕藩体制が敷かれているこの時代、他国からきた行商人は異文化的、異端の存在に映ったに違いない。そんな自分たちの環境を変えていかなければ成功が保障されなかった。

まさに環境を変化させ、環境を味方につけることを命題にして、他国の発展に尽力したのである。これこそが近江商人にとってのサスティナビリティ（持続可能）であった。目の前の取引相手だけでなく、それを取り巻くコミュニティまで視野に入れ、係わりを通して公共の利益、「世間よし」のために貢献していく姿勢を示した。まさに、社会の公器としての存在を自覚した行動である。

この不思議な知恵と行動は、近江の人たちが持っている内面の部分も影響しているようだ。興味津津である。

2　近江商人が大切にしたこと

大切なことは続けること（家訓）

近江の豪商の家には今も小売行商で使った天秤棒が置いてある。これは、豪商となってからも自分たちの原点を忘れないことを物言わぬ存在として置いているのである。掛け軸などに書かれている家訓・格言以上の感性の世界である。日本人にとっては理論よりも感性が心に響くし、心に残るものである。それを今も実践している。

近江の豪商の家には、共通した家訓・店則が目につく。そこには、商売を続けていく上での原則が書かれている。変えてはいけないこと、継続し続けなければならないことを短い言葉にして、そこで働く人たちの共通の価値観を創っている。今でいうところの経営理念である。

代表的な家訓を紹介する。

「陰徳善事《いんとくぜんじ》」成功した実業家が巨額の寄付を社会公共のために、名も告げずに投げ出すという陰徳の精神である。自己アピールが激しい今日では、陰徳の精神は理解し難いかもしれないが、当時の近江商人の間では実在していたのである。

「先義後利栄《せんぎこうりえい》」義とは、人の行うべき正しい道の意であり、義を先にして、利益を後にすれば栄える。つまり、商いは目先の利益よりも遠きを見ながらすることが大切であることの

図表5－1　近江八幡 西川利右衛門家の家訓

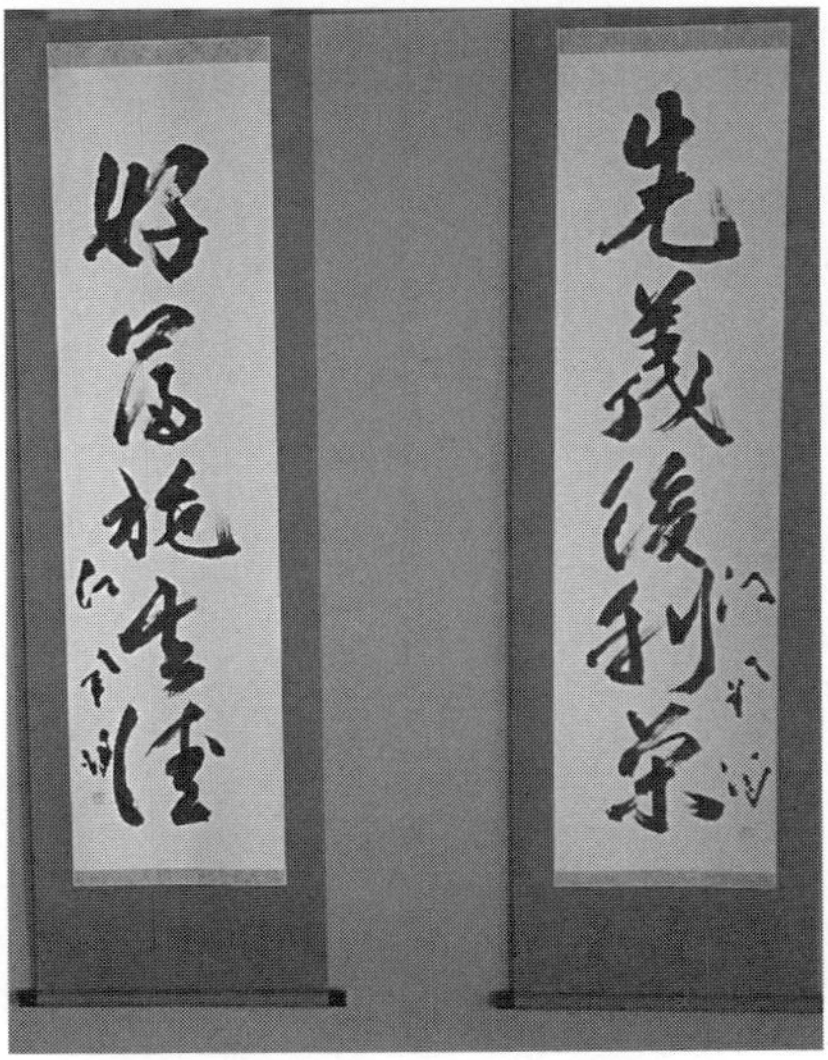

教えである。

自国での商いと、誰も知り合いがいない他国での商いでは、その難しさの次元が違う。知り合いの多いところでは多少の目先の利益に走っても許してもらえるかもしれない。しかし、他国での、この行動は命とりである。他国の人たちは近江商人の行動、態度、姿勢を余すとこなく見つめていた。取引先をないがしろにするような目先の利益に走ったならば、そこで信頼はなくなってしまうのである。

そうならないためには単なる行動という次元ではなく、信念・理念に裏付けられた考え方を基盤に添えないと世間の目には耐えられないのである。近江商人の格言をそんな目線で見つめると、彼らの他国で生きていくための覚悟が見えてくる。

家訓や店則を大切にして、行動していく姿勢は取引先から見ても安心できる存在だった。まさに近江商人は有言実行の実証主義者である。取引先は、彼らを永く取引するに値する相手と見てくれるようになっていく。

続けるためには変わること（進取の気性）

事業が永続するには、原則を守り維持するだけでは駄目である。当時も今も変わらぬ不変の鉄則である。環境に合わせた変革（イノベーション）こそが、事業継続の必要条件である。「現状維持は退歩なり」近江の五個荘町の豪商、藤井彦四郎のモットーと言われるが、時局の変化を敏感にとらえ、常に進取の気性をもって新しい事業に挑戦した彦四郎の神髄を端的に表した家訓である。

近江商人は世の中の動きに合わせて創意工夫することの重要性を旨として、進歩に遅れてはいけないと言っている。

幕藩体制下の江戸時代、人の動きは現代に比べたら、はるかに少ない中、はるか遠方の地まで行商に出かけるには、まさに進取の気性に優れていたに違いない。創意工夫とか新しいものへのチャレンジ精神がうかがえる。取引先を飽きさせない工夫があった。またこれがあったからこそ、４００年の永きにわたって存在しているのである。

この進取の気性が近江商人には受け継がれている。何か昔から近江の人たちのＤＮＡに組み込まれているようである。そのことを伝える興味深い逸話が残っている。もともと近江には多くの例証から、独創者を出す風土があったようである。

琵琶湖周辺は鉄生産を行う渡来人によって開かれた。特に姉川下流あたりに住み着き、鍛冶職人として暮らしていた。薩摩の種子島に鉄砲が伝来したのは、１５４３（天文３）年８月である。彼らは、それからなんと一年後には国産第一号の火縄銃を完成させるのである。しかも耐久性は本家のポルトガルのものより優れた性能だった。

実際、作業に取り組んだ期間は半年間足らずである。しかも、それまでの日本人はネジと言うものを見たことがなかった。鉄砲が伝来するまで、日本にはネジの概念がなかったのである。

そんな状態からわずか半年で完成させたのである。このネジの仕組みを最初に知ったのは若手の鍛冶職人だったと伝えられている。年上の鍛冶職人は若手職人の独創性を押さえつけずに、逆に褒めそやすのである。誰が見つけようがいいものはいいのであり、それをみんなが真似ればいいじゃないかという風土があったようだ。またそうしなければ生き残れない環境でもあった。

現代の経営にも言えることだが、そのような企業風土こそがイノベーションの温床である。近江商人の進取の気性はこんな歴史の中で育まれた。

その鉄砲に目を付けたのが尾張の織田信長である。信長は500挺の鉄砲の発注を近江商人に出している。日本史上初の鉄砲隊を編成して天下統一に向かうのである。なんと種子島に鉄砲が伝来してからわずか6年で成し遂げるのである。

信長もまた近江商人に多大な影響を与えた男であった。のちに信長は楽市楽座をおこし、商人のモチベーションを高めるのである。

3 取引先を魅了した誠実さ、真摯さの源泉は信仰心にあり

道徳の基盤を作ったもの

昨年、ＣＳＲを研究している有志たちで彦根に集合した。ＣＳＲの原点である近江商人の「三方よし」を勉強するためである。初日は三方よし研究所の岩根様の講義を受け、豊郷町の伊藤忠兵衛の生家を訪ねた。二日目は五個荘町の近江商人博物館で近江の歴史を勉強した。そのあと、重要伝統的建造物群保存地区である東近江市五個荘町金堂の集落を散策した。

近江商人の豪商の屋敷の規模の大きさに驚かされた。

近江は熱心な仏教徒が多く、特に湖東エリアは、浄土真宗が盛んである。お寺を囲む形で豪商の大屋敷がきれいに区画された土地に並んでいる。

近江商人の倫理観は、真宗の思想から来ている。道徳の基盤は、宗教心であり信仰心である。他国で信用されるための誠実さ、真摯さはここからきているのである。

菩薩の業という心境

五個荘町にある豪商の一つに外村与左衛門邸がある。家訓は「神社仏閣を尊敬いたすべきこと、常々仏法をよく聴聞し、孝行を存じ、身を堅固に持つべし、朝夕内仏へ参詣怠るべか

らず」と説いている。神道、儒教、仏教の三教への信仰と先祖崇拝が盛り込まれている。

近江商人の精神的基盤が、神仏とともに儒教的倫理にあったことは、その家訓や店則に表れている。

初代伊藤忠兵衛の座右の銘『利真於勤―利は勤むるにおいて真なり』がそれである。「商売は菩薩の業、商売道の尊さは、売り買い何れをも益し、世の不足をうずめ、御仏の心にかなうもの」と記している。

商売は菩薩の業であり、仏に代わって商品を運ばせて頂いていることと定義した。相手が見てないところでごまかすことをきつく戒めている。

売り買いの詳細を記入した大福帳の表紙には「神儒仏、謹んで拝礼」と書かれている。常に目に触れる表紙にである。

門徒話法という心遣い

近江商人のおもしろさは、彼らが商人であると同時に近江門徒であったことだ。江戸に出て商いをする場合も門徒話法とされる「…させて頂きます」「…で来させて頂きました」という表現が使われていたようだ。

現代文では、よく使う言い回しであるが、明治・大正の頃までは、このような表現は使われていない。近江商人の独特の言い回しである。まさに自分たちが運んでいる商品は仏の代わりに業をなしていることを態度だけでなく、口にも出して表現していた。いや、むしろ、自然に口から発せられるようになったのだろう。

道中厨子との自問自答

高さ12cmくらいの厨子の中には仏像が入っている。近江商人の多くが道中に持ち歩き、「仏様の意に反するような商いはしない」との心構えの象徴である。彼らはどんな思いで厨子を開き、仏に祈りをしていたのだろうか。見知らぬ土地で辛いことも多かったのではないか。知り合いも少なく、異端な存在と見られながら商いをしていく近江商人である。仏に向かって何を思い、なにを祈っていたのだろうか。

商売にはお金が行き来するだけに、暴利の心が芽生えることもあっただろう。そんな時に自分の心や思いに正しく向き合うために祈りを捧げていたのだろう。冷静に己の内を見つめて、心の実態を客観的にみつめ、煩悩の炎を鎮めていたのだろう。

まさに執着の思いを除していくことで、

図表5-4　道中厨子（近江商人博物館蔵）

他人を害さず、自身も健全さを保つことを旨とした行いをするための神聖な厨子だったのだ。近江商人の特異性の背景には、他国商いと言う事情とともに、日本仏教文化発祥の地であったことである。近江国内には延暦寺、三井寺、日吉大社などの全国的に知られた有力寺社があり、住まいは寺社に囲まれた生活環境にあった。自然と信仰心も厚くなっていく。

今でも滋賀県は人口あたりの寺社数は全国一である。

4 温故知新と信仰心

取引先との連携を通して、地域との一体感を重視する近江商人を見てきた。すべては社会の中の一員という意識から商いが始まっている。近江商人にとって取引先とは目の前の相手ではなく社会そのものであった。

社会生態学者であるピーター・ドラッカーは、社会について「社会は人間の実在の外皮である」と言及した。社会がおかしくなれば、まともな商売もできない。それは人間の皮膚にたとえると皮膚病である。皮膚病にならないように近江商人たちはまわりのコミュニティや社会全体への奉仕の精神を強調したのである。

組織が社会の中で存続するには「継続」と「変革」が不可欠である。近江商人にとって

「継続」とは家訓・店則である。そしてそれを有言実行していったことである。この家訓・店則を守り抜く精神こそが近江商人のもつ真骨頂であり、取引先に安心と信頼を与えた。

しかし、継続だけでは安定はあっても発展が望めない。発展のためには「変革」が必要である。近江商人は1500年以上も前に琵琶湖周辺に移住してきた渡来人の進取の気性をイノベーションのDNAとして引き継いでいる。このDNAこそが如何なる環境の変化にも対応してきた近江商人の強みだった。近江商人は取引先を安心させ、常にワクワクさせる工夫を大切にしたのである。

「継続」と「変革」、これこそが取引先との一体感を醸成できた秘訣である。さらに近江門徒と言われる信仰心を基礎に持っている。商売は菩薩の業であり、仏に代わって活動しているという倫理観念が相手を安心させ信頼が高まっていった。道徳の基盤は信仰心であり、宗教心である。素晴らしい家訓や進取の気概があっても実際に活動する個人が真の倫理観を持ってない商いは長続きしない。

現代企業も見習うべきである。近江商人が持っている倫理観（コンプライアンス）、継続（サスティナブル）、変革（イノベーション）を企業経営の中に凝集させることが社会・コミュニティで活動する企業のありたい姿である。

天秤棒をもつ近江商人像は我々に今もそのことを伝えているのである。

（北村和敏）

第6章 時代はもはやグリーン調達からCSR調達へ

1990年代以後、事業のグローバルな展開が急ピッチで進められている。その中心的な役割を果たしている多国籍企業にとって、CSRやCSVなどへの適格な対応は持続的な発展に欠かせない重要なテーマの一つであろう。とりわけ、人類の存続を脅かす地球規模での自然環境の破壊の主因となってきた多国籍企業の行動様式をいかに問い直すのかという課題は避けて通れない。

ここではこのような観点に立ち、多国籍企業のサプライチェーンの中で行われている調達活動に注目し、これらの諸問題をめぐるこれまでの国際的な動向と、多国籍企業の取り組みの事例を通してその現状と課題について明らかにする。

1 三方よしとサプライチェーン

なぜ近江商人が注目される?

近年、現代企業は収益性の追求という古くて根源的な目標以外にも、倫理性や社会性が問われる事態に直面している。このような動向は、日本企業を新たな変化の模索の岐路に立たせている。グローバル化の時代に生き残りをかけている現代企業にとっては避けては通れないプレッシャーとして登場してきた。これがCSR、企業倫理、コーポレートガバナンスなど欧米発の輸入品である。実際に、日本ではこれらの制度的な導入をめぐって2003年以後「CSR元年」といわれるほど急激な変化を経験した。しかし、日本ではその後でも企業不祥事などのような「負」の側面は後を絶たない様相で世間を驚かせている。何かがおかしい。理由はどうであれ、別の意味でのグローバル化の波に追われて欧米からの圧力を受け入れた後遺症も看過できない。批判や反省の声もこれら経済の外部性に埋もれているような気もする。

何か新たな突破口の模索を余儀なくされている。このような意味で「日本固有の、馴染み深い」何かが必要であろう。暗中模索する中でよく見つけたのが近江商人の「三方よし」の精神であろう。いわゆる「日本生え抜きCSR」の源流であろう。この源流に辿り着き、先人達の経験や知恵に注目することには大きな意義がある。しかし、厳密な意味での「三方よし」の経営理念はＣＳＲというより、社会一員としての役割や責任を意味する「企業市民」に近いのではないかというのが筆者の考えである。「持ち下り商い」や「諸国産物廻し」による「他国稼ぎ」をせざるを得なかった当時の時代的背景も「売り手よし、買い手よし、世間よし」を生み出す大きな要因になったであろう。

当然、近江商人達が掲げた精神を現代に適用するには無理がある。まずは時代的な背景から異なる。彼らは士農工商という厳然たる身分制度のなかで、最も低い階級で自由に自分たちの考えを世に繰り広げる立場ではなかった。それにもかかわらず、「三方よし」のような素晴らしい発想はどこから生まれたのか。そこで注目されるのが石田梅岩の教えや宗教的な結束力であり、滋賀県から全国へ事業を拡大する際の様々な困難さであろう。

近江商人が標榜した三方よしの精神は、時代的な背景が異なるにしても、私利に対する欲求を抑制すると評判がよくなり、その結果として信頼を得、さらに利益が回ってくることに他ならない。今日のような急激なグローバルな事業展開は見られないにしても、当時近江商人が置かれていた立場、すなわち地元の近江を活動の場にするのではなく、近江国外で活動し、原材料の移入と完成品の移出を手掛けたことについては、今日の多国籍企業がグローバルな事業を行う面では基本的に同様の立場にある。さらに、株式会社という制度的な枠組みが存在しなかったことを勘案すると、株主を含む様々なステークホルダーからかかってくるプレッシャーも当然でありながら当時と今日とは異なる状況であろう。

グローバルなサプライチェーンの中でCSRを展開する意義

では先述したこの「他国稼ぎ」の話を現代の多国籍企業の立場から再び吟味してみよう。現代の多国籍企業は、ますますその激しさが増している経営環境の中で、自社の生き残りのためにグローバルな次元でサプライチェーンを構築している。当然でありながら、このような事業展開はより多くの商機が増加するとともに、社会的な責任の範囲も拡大するサプライチェーンにおいてCSRを展開する際に得られる有益として期待できるのは何か。

まず第一に、雇用面での有益である。これは何よりも新規雇用を増大したり、既存の社員の雇用を維持できたりするなどに関わる効果である。結果的に、従業員に会社により熱心に働かせるなどのような動機付けになる。

第二に、メディアへの対応である。これは企業への悪い評判を事前に防ぐなどの効果のことをいう。進んでは企業の肯定的なイメージを構築させ、特に批判的なジャーナリストの取材を未然に防止などの効果が期待できることを意味する。企業の戦略的優位性と関連する無形の資産である会社評判が悪化するようなリスクを未然に防止することができる。

90年代後半以降、特に、グローバルなサプライチェーンが注目を集めている理由がある。当時、マスメディアによって大きな取り上げられていた児童労働への批判は想像を絶するものであった。当時児童労働を行った企業には、ナイキ、リーボックなど以外にも多数存在していたが、スポーツウェアのメーカーとしての象徴的な存在を戒めるための行動として解釈される。

第三に、経営面での有益である。これは企業経営においてＣＳＲ戦略を駆使した場合、直接的なコスト削減につながることを意味する。

第四に、ステークホルダーとの良好な関係の構築である。これはサプライチェーンの形成・維持・発展に不可欠な存在であるステークホルダーへの究極的な配慮が必要とされるが、ステークホルダーの要求をいかに認識、評価、対応するかの問題をであり、ステークホルダーに対する効率的な管理の必要性を問う「ステークホルダー・マネジメント」の課題に直結する。

しかし、以下のように、サプライチェーンにおいてＣＳＲ戦略を駆使する際に存在する障害物がある。

① サプライヤー側の経営資源と技能の不足
② ステークホルダーからの要請に対する経営者側の認識の不足
③ 不十分な製品製造技術

近年注目されているサプライヤー行動憲章

では実際のグローバルなサプライチェーンを構築する際に必要なものにはいかなるものが

必要なのか。サプライヤー行動憲章（取引行動規範ともいわれる）、それらと関連する調査、内部監査という3つの要因が必要であるという。

今までサプライヤー行動憲章を確実に守っているかをいかにして確認できるかの課題は、エージェンシー理論、取引コスト理論、ネットワーク理論などで大きく取り上げている。特に、エージェンシーコスト・アプローチという観点からサプライヤー行動憲章を取り扱った場合に、必ず登場するのが機会主義の問題である。この問題は、サプライヤーが自己利益を自由に追求するという面から発生するものである。したがって、機会主義を回避するために、エージェントをプリンシパルの利益に合致させるためのインセンティブを提供する必要がある。これは、サプライヤーの行動を監視したり、成果の報酬を計算したりすることによって実現される。機会主義は企業間関係の構築を崩壊させる深刻な危険要素となったり、場合によっては、グローバルなサプライチェーンの行動憲章を策定したり、移行するのに必要な重要なポイントとなる。

2 グリーン調達からCSR調達へ

近年、人類は地球温暖化に代表されるように地球規模での深刻な環境破壊の危機に直面し

図表６－１　環境規制の類型

類　型	内　　容	備　考
WEEE 指令	大型家電、小型家電、IT 及び通信機器、耐久消費財、照明、電気・電子工具、玩具・レジャー並びにスポーツ機器、医療用機器、監視・制御装置、自動販売機については収集・リサイクル・回収目標を規定	2003 年２月に制定、2012 年８月に改定
RoHS 指令	鉛、水銀、カドミウム、六価クロム、PBDE の６つの物質の使用の制限	2006 年７月に制定
REACH 規制	化学物質の安全な使用・取扱・用途のために、登録・評価・認可・制限という制度を化学物質に適用	2007 年６月に制定

ており、それらの悪影響と決して無縁ではない企業への責任を厳格に問う声も少なくない。勿論、経済活動の「負」の側面を生み出している主要な存在として認識されている企業側は、従来のものより厳格さを増している環境規制への対応を余儀なくされている。このような環境規制の代表的なものに WEEE 指令、RoHS 指令、REACH 規制などが浮かび上がる。その具体的な内容を図表６―１に示している。

これらの規制に対応するために、購入企業には自社が使用する資材や原材料をサプライヤーから調達する際に、環境負荷を最大限に低減するような努力が求められている。このようにサプライチェーンの中で調達する企業側に求められる行為を「グリーン調達」といい、環境物品市場の形成及び開発の促進をめぐる新たな動向が注目されている。産業経済省、環境省、外務省などの日本の政府機関においてもこれらの動向への喚起を促している。

さらに、90年代後半以後では、急激に台頭してきたCSRの動きとともに、「環境」に関わるイシューだけでなく、さらに「社会」をイシューとして取り込んだサプライヤーの調達規準を強化する「CSR調達」へと拡大されている。

3 多国籍企業のCSR調達

1990年代以後、企業行動様式に急激な変化が見られている。特に、大規模でしかもグローバルな事業展開を行っていたナイキ、スターバックス、ペプシコーラ、マクドナルドなどの多国籍企業が国際的な運動を引き起こしているNPOやNGOによって深刻な不買運動にさらされることになった。その後、これらの企業は仕入先工場の労働条件監視強化、フェアートレードの獲得、人権侵害の懸念がある投資先からの資金回収、人体に有害な物質使用禁止などの倫理的かつ社会的な業績を残すことになった。いうまでもなく、これらの成果は企業が被害や問題が顕在化する前に対応する方策である「企業の社会的即応性」を充実したものであった。

では上述したCSR調達を行っている2社の多国籍企業の事例を紹介する。

テスコ（TESCO）の事例

イギリスのスーパーマーケット業者として有名なテスコグループではガバナンス・レビュー・グループの監査チームの主導でＣＳＲ調達を進めている。サプライヤーからの調達の指針は取締役会で決定された内容を副会長が年２回指示するような形で行われている。この指示は「グループ政策」→「倫理綱領」→「ガイドライン」という段階的な体系を踏んで行われている。

次に、倫理監査組織についてであるが、サプライヤー行動憲章の制定と実施は、２００１年からテスコ本社の指示によって開始された。

さらに、テスコに対する倫理監査は、外部の監査組織であるＢＲＣ（British Retail Consortium）に依頼し、サプライヤーに対して１日で監査を行っている形をとっている。

韓国の支社であったサムスンテスコの監査には、ＴＦＭＳ（Tesco Food Manufacturing Standard）監査と倫理監査がある。前者のＴＦＭＳ監査とは、サプライヤーから生産された製品が安全で法的要件を満たしているかを保障するための監査のことをいうが、基本的に20項目で構成されている「現場監査」と、15項目で構成されている「品質システム監査」からなっている。

監査結果は、以下のように、ブルー（条件を満たす）、グリーン（条件を満たす）、アンバー

（琥珀色、要改善）、ダブル・アンバー（要改善）、レッド（条件を満たしていない）という5段階に区分され、テスコへ納入が承認されるためには、少なくともブルーとグリーン以上のランクをもらわないといけない。

テスコは商品を納品するサプライヤーの労働者達の勤労条件がＥＴＩ（ethical trading index）の基本ルールやその他の関連法律を遵守するかどうかについて監督する。その具体的な倫理監督内容には、監査計画、監査実行、条項ごとのガイドライン、他のイシュー、監査報告とフォームがある。取引を行う企業に対しては倫理監督部が倫理監査を行った後、その基準を満たした場合にのみ取引を開始する。

グローバルな事業展開を行っているテスコは、サムスングループとテスコとの資本提携するような形で韓国市場に参入したが、現在では資本関係はほとんど解消されている状態である。当時、三星テスコという社名で始まった同社は、サプライヤー行動憲章の体系的かつ厳格な運用で大きな倫理的かつ社会的業績を生み出している。

その具体的な実績が、２００２年11月から6年連続の「国家品質賞大統領賞」の受賞、２００３年の「正しい外国企業賞」（ＮＰＯ団体である経済正義実践市民連合主催）の受賞、２００８年2月の「韓国で最も尊敬される企業」（韓国能率協会主催）の受賞などである。

しかし、テスコに商品納入を希望するサプライヤー側に第3者機関による倫理監査を義務付けたりすることによって倫理的な実績が見られるなどの動きもあるが、その費用の負担を全額サプライヤーに負わせることに対する批判も少なくない。

イオングループの事例

「CSR元年」ともいわれている2003年以後、日本にもCSRを企業経営の主な要因として位置付けている企業が急激に増加している。このような状況の中でグローバルな事業展開を行っている企業は早い時期からCSR調達のための取り組みを本社レベルで進めている。

ここでは日本で比較的に早い時期からCSR調達体制を取り組んでいるイオングループについて取り上げる。イオングループは2003年に「イオンサプライヤーCoC」を策定した。同年5月にイオンの自社ブランドである「トップバリュー」の製造委託先約400社に対して説明会を開き、「イオンサプライヤーCoC」の遵守と、製造委託先工場の確認、遵守の宣誓書を提出するように要求している。図表6—2にはイオンサプライヤーCoCの内容について示している。

さらに、図表6—3が示しているように、日本の多国籍企業にはCSRブームが巻き起こった2003年以後急激にサプライヤー行動憲章が制定と運用が確認できている。

図表6-2　イオンサプライヤーCoC（取引行動規範）の内容

項　目	主な内容
児童労働	違法な児童労働は許さない
強制労働	強制・囚人・拘束労働は許さない
安全・衛生及び健康	安全で健康な職場を提供する
結社の自由及び団体交渉の権利	従業員の権利を尊重
差別	生まれた背景、信条で差別してはならない
労働時間	労働時間に関する法令を遵守
賃金及び福利厚生	賃金および福利厚生に関する法令の遵守
懲罰	従業員に過酷な懲罰を課してはならない
経営責任	労働時間に関する法令を遵守
環境	環境汚染・破壊防止に取り組むこと
商取引	地域の商取引に関する法令を遵守すること
認証・監査・監視（モニタリング）	イオンサプライヤーCoCの認証・監査・監視を受けること
贈答禁止	イオンとサプライヤーの贈答禁止

出所：『イオングループのCSR報告書』

図表6-3　日本の多国籍企業のCSR調達の動向

企業名	サプライヤー - 行動憲章の制定	開始時期	運用内容
ミズノ	CSR調達行動規範	2004年開始 2010年改正	2010年度中国34か所工場と、その他の6カ国での10か所の工場
ソニー	ソニーサプライヤー行動規範	2005年	国内外のサプライヤーが対象
バンダイ	バンダイCoC宣言	1998年	国内外のサプライヤーが対象

出所：各社のCSR報告書を基に作成

４ ＣＳＲ調達の課題

サプライヤー行動憲章の限界

しかし、サプライヤー行動憲章が有するさまざまな効果もある反面、その限界をも考慮しなければならない。

第一に、法的要求と同一の強制力がない点である。

第二に、最初からすべての状況に適用可能な行動憲章を策定するのは不可能である点がある。

第三に、今後、サプライチェーンの中にある企業間で起こりうるコンフリクトやＣＳＲイニシアティブを移行させるための費用を想定しなければならない点である。

したがって、これらの諸問題を克服するために必要なものがセーフガードである。これはサプライチェーンのメンバー間の利益をめぐる潜在的な葛藤と、サプライヤー行動憲章の不完全な本質は、倫理憲章の策定者が「サプライヤー側に対してメカニズムをいかに保護するのか」という課題に帰結される。

ステークホルダー・エンゲージメントを重視する経営

こうして、サプライチェーンの中でいかにCSRを展開するかの課題は実に山積しているように見受けられる。その中で最も疑問に思っているのが多国籍企業の行っている報告や開示（場合によってはCSR戦略ともいわれるほど宣伝効果も含む）は「本当に信じていいのか」という問題である。

CSR調達をめぐって筆者がここ数年行ったインタビューで得たことは、EU地域のように監視が厳格に行われている地域と、そうではない地域との格差が厳然たる課題として存在していることであった。

結局、企業と利害関係者、及び利害関係者間の利害調整を通じて、互いの信頼関係を維持するようなマネジメントを意味するステークホルダー・マネジメントが必要不可欠であるが、企業とステークホルダーとの対話や双方の関係をより深く、そして密にする方途としてのステークホルダー・エンゲージメントを企業経営の中でいかに取り組むのかということが重要になる。ステークホルダー・エンゲージメントを実行するにはステークホルダーとの対話と、その実態調査が非常に重要であることがしばしば報告されている。

（文　載皓）

第7章 株主利益につながる、人に好かれる会社

株主の立場から論じられがちなコーポレート・ガバナンスと幅広い利害関係者との関わりを踏まえて実践するCSRとは、どんな関係になるのだろうか。企業の持続的な発展を考えるとき、決して一方が他方を排除するものではない。家業の永続性を重視した「三方よし」の考え方からは、コーポレート・ガバナンス、CSR双方の視点が読み取れる。

1 株主市場と会社

株式市場が伝えるもの

会社の業績を評価し、国際競争力や成長力への期待を反映して生まれる株価は、個々の経営者、さらには経済政策を統べる政府・与党に対して下された冷徹な評価でもある。証券市場に「価値(価格)発見機能」があるといわれるのはこのためだ。

短期間であれば、市場をごまかせるかもしれない。しかし、経営の公正さや透明性を実践で示し、市場に信頼されなければ、株価を維持することはできない。株主の利益を損ない、信用を失うことに国境はない。

こうしたなかで会社と社会のかかわりが問い直されている。腰が重かった日本の経済界でも「社会的な責任をどう位置付けるのか」「会社を取り巻く利害関係者(ステークホルダー)との関わりをどう維持するのか」が真剣に論じられるようになった。株主から預かった資金を活用して収益をもたらすことで株主に報いるというのが株式会社の基本である。自らの保身や既得権の維持を優先しかねない経営陣を規律付け、不正の芽を摘み取らなければならない。会社の公正な運営を目指す「コーポレート・ガバナンス」にとってきわめて重要な問題ではあるが、これだけで持続可能で長期的な評価を得ることは難しい。

欧州ではＥＵが２０００年に「リスボン戦略」として、経済成長と雇用の創出を柱とする長期の経済・社会政策をまとめ、その重要課題としてＣＳＲが位置づけられた。加盟国はそれぞれの政策のなかでＣＳＲを重視するようになり、英国のように担当大臣を置く国も現れた。会社が自ら負う社会への責任を自覚し、行動することが社会の健全な成長への鍵となるという認識からだ。軽視する政府や個別企業は国際戦略に遅れをとり、競争に落伍することにもなりかねない。すでに株式市場の評価にはＣＳＲへの取り組みが織り込まれている。

「ＣＳＲ元年」

２００３年が日本におけるＣＳＲ元年と呼ばれるのも、こうした内外の変化を映したものである。経済同友会がまとめた第15回企業白書の表題が「市場の進化と社会的責任経営」であったのは象徴的だ。そこでは「我々は市場機能のさらなる強化とともに、市場そのものを『経済性』のみならず、『社会性』『人間性』を含めて評価する市場へと進化させよう」（経済同友会、２００３）と決意を述べている。その理由として、①社会と企業相互に与える影響度の拡大　②社会が企業をみる視線の変化　③行き過ぎた「株主資本主義」の是正　④個人の価値観の変化、を挙げた。

１９７０年代、日本でも個々の会社が社会に負う責任のあり方に関心が高まったことがある。各地で起きた公害問題やロッキード事件など政界を巻き込む疑獄事件、石油危機に伴う売り惜しみなど、経営姿勢が根底から問われる不祥事が相次いだ時期である。そうしたなか、欧米発の概念としてＣＳＲが持ち込まれ、経済界が報告書を出したり、主要メディアが企業責任を厳しく問うキャンペーンを展開したりした。しかし、80年代に入ると、巨大な経済事件が少なかったこともあって社会の関心は薄れ、バブルの狂騒のなかでＣＳＲという言葉自体も忘れられがちだった。

日本型経営の神話が揺らぎだした１９９０年代でも、コーポレート・ガバナンスを目新しい経営手法のひとつ、あるいは目先を変えた欧米流株主中心主義と冷ややかに見ている経営者は少なくなかった。それが、今やコーポレート・ガバナンスを口にしない企業人は皆無だ。21世紀に入るとＣＳＲが経営における常識となっている。いずれも一時のブームで終わることがありえないのは、会社を取り巻く環境が急速に変わり、後退が許されないからだ。

激変する環境

経済同友会の企業白書で示されたように、その理由はいくつも挙げられる。冒頭に紹介した相次ぐ経営破綻と反省ということだけでは、70年代と変わりばえしない構図だが、それにはとどまらない。

各国で規制緩和が進んでいることも大きい。会社の活動領域が広がるにつれ、その振る舞いに関心が集まったのは当然の流れと言える。また、環境問題が深刻になり、影響が地球規模になったことも見逃せない。一地域に限定されることの多かった公害事件との大きな違いだ。温暖化対策が国際社会の課題となり、各社とも省エネや再生可能エネルギーへの転換に迫られている。

グローバル化と情報化の進展は会社の内外に新たな結びつきの機会を提供する。原料の調達から最終消費者への提供までのバリューチェーンの動きを会社が掌握しやすくなった一方で、インターネットを通じて投資家や環境活動家などが情報を得ることも容易になった。会社の活動を監視するNGO/NPOが国境を越えて連携することも増え、社会性の視点からの評価も加味した社会的責任投資(SRI)が広がっている。

日本ではあまり知られていないが、2013年4月にバングラデシュの首都ダッカで起きた9階建てビルの倒壊事故は象徴的だ。もともと4階建てのビルだったが、フロアを継ぎ足して巨大な縫製工場となっていた。発電機やミシンの振動、想定外の人々の荷重によって、4000人以上の労働者が働いていたビルは崩れ落ちた。1100人を超す死者を出した惨事の背景には、低コストで厳しい納期をつきつける欧州などのアパレル産業の姿があった。

この悲劇に先進国のメーカーは素知らぬ顔をすることが許されるのか。南アジア発の情報は世界を駆け回り、大企業の責任を問う声が広がった。欧州メーカーの一部は見舞金や弔慰金のかたちで資金の提供を申し出たが、「まだ正式な契約には入っていなかった」と言い張り、事故とは無関係と突っぱねる会社には厳しい批判が集まった。

2 コーポレート・ガバナンスとCSR

豊かな社会への道筋

株主の視点で論じられることの多いコーポレート・ガバナンスとCSRはどんな関係になるのだろうか。コーポレート・ガバナンスを筆者は「多くの利害関係者によって構成される株式会社組織において、公正な経営を進めることで企業価値を高め、そこにおいて得られた利益や危険（リスク）を第一義的には株主に、さらには他の利害関係者に適正に配分する制度、考え方」と定義したい。株主が中核的な存在ではあるが、会社の持続可能性を考えあわせれば他のステークホルダーにも目配りする必要があり、そこには危険の配分も含まれるという現実の企業像をもとにした。CSRがコーポレート・ガバナンスと対立したり、一方が他方を排除したりするものでないのは明らかだ。

ステークホルダーについては、米国のエドワード・フリーマンが示した「組織の目的の達成に影響を与え、あるいは影響を受ける団体や個人」という簡潔な定義を用いたい。株主（シェアホルダー）が最重要な地位にあるとはいえ、消費者や債権者、従業員、取引業者、地域社会、国などに広がり、ときには地球そのものまでそこに入る。

株主は自らの投資がより大きな付加価値をもたらすことを期待し、事業が破綻して株券が紙切れになる危険をできるだけ小さくしようと行動する。一方、経営陣（取締役、執行役、執行役員など）はこうした株主の期待に応える責務を負っており、利益機会を最大に生かして付加価値を大きくすることに専念する。また、会社間の競争も激しくなり、そこに劣後すれば消費市場、資本市場のいずれからも退場を命じられる。

一見すれば弱肉強食のすさんだ社会に映るが、こうした切磋琢磨が豊かな社会を築き、事業活動がもたらす利益が賃金や金利、配当、さらには株価の値上がり益などの形で人々に還元されるということになる。ともすれば株主価値の最大化を目指す経営は、手段を選ばずに利益を追い求める衝動に駆られるため、ＣＳＲ重視の理念とは対立する印象を持たれがちだが、決してそうではない。社会の会社を見る目が厳しくなるなか、株主に対して長期的に安定した利益を提供するうえで不可欠な要素としてＣＳＲが存在する。

株主のあり方

実質的な所有者である株主のあり方も考える必要がある。投資家といっても短期的な価格の変動で利ざやを抜くことを最優先する投機家もいれば、会社の成長を息長く見守り、安定した収益を得ることをめざす投資家も存在する。前者が大勢を占めるような社会であれば、経営そのものも目先を追うものになり、技術開発などに多くの資金を投ずるような経営姿勢は取りづらくなる。

後者は会社の成長を長い時間軸で見守り、上昇トレンドを描く会社を育てることにつながる。生命保険や年金基金、投資顧問会社などの投資家に向けて、金融庁がその行動準則をまとめた「日本版スチュワードシップ・コード」のなかで、投資先の持続的成長に向けて各社の経営状況を的確に把握するように求めているのも、こうした認識があればこそである。

図表7-1　7つの中核主題

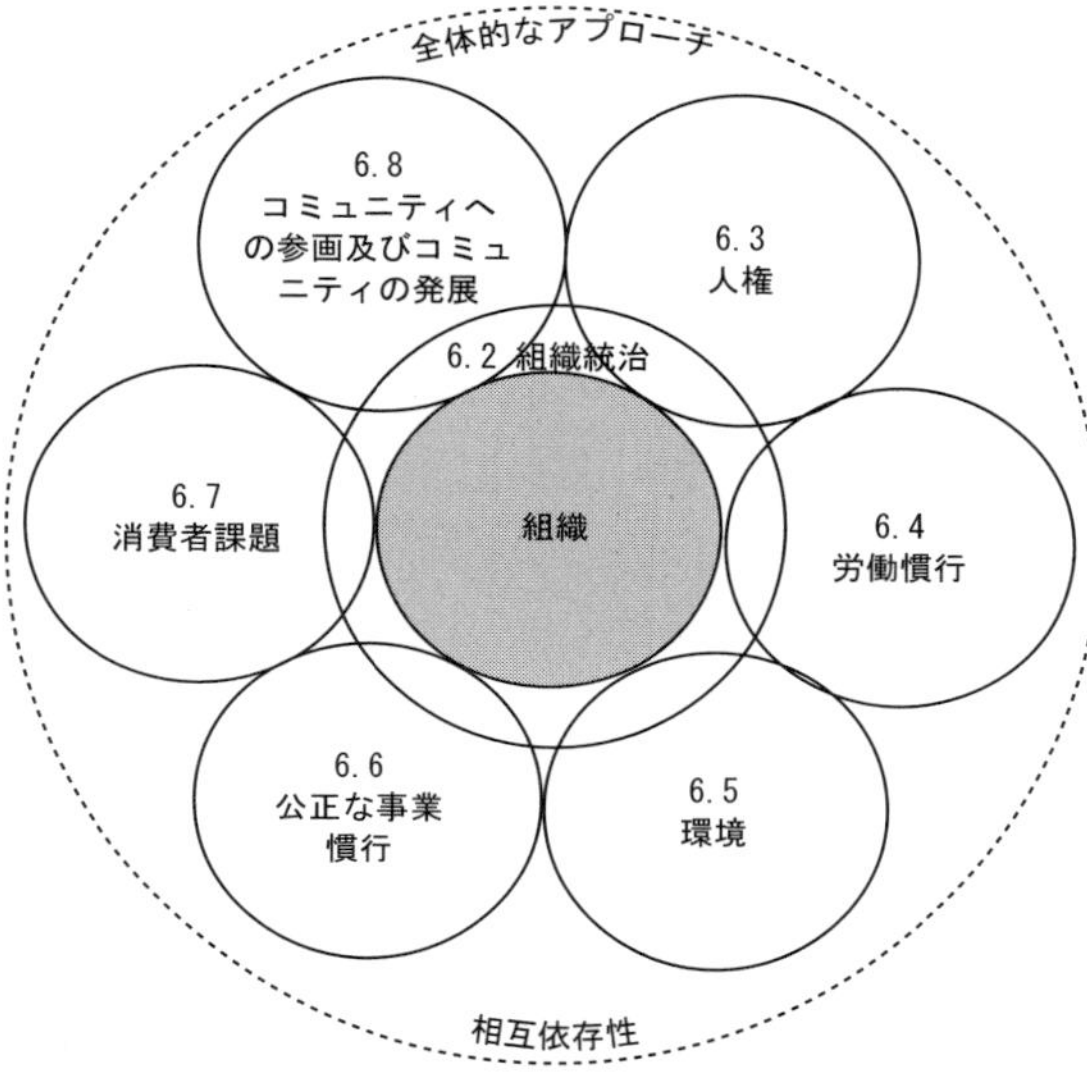

出所：JIS Z 26000 : 2012（ISO26000 : 2010）p.26、図3
『新時代の競争戦略』笹谷秀光著より

もちろん投機的な投資家も加わることで市場の取引量はふくらみ、先述した「価値発見機能」も有効に働く。経営者はいたずらに投機家を排除するのでなく、そうした短期的な利益の拡大よりも、長期的な視点が大きな価値を生むとの確信に裏付けられた経営姿勢を示し、実績で証明することこそが求められている。独善に陥ることを避け、理解者を増やすためには、社会の視点を経営の場に持ち込むことが欠かせない。基本にあるのが「透明性」であり、正確な情報の迅速な開示や社外取締役など組織内の論理にとらわれない人材の経営への活用であろう。コーポレート・ガバナンス（企業統治）が重要性を増している背景はここにあり、それが十分に機能することでCSRも果たせる。

そのことを裏付けているのが、世界最大の国際標準化機関であるISOが示した社会的責任の手引書ISO26000だ。株式会社のみを対象にしているものではないが、組織統治（ガバナンス）は他の中核課題すべてを支える基礎構造そのものであると明示している。また、第4章が示す社会的責任の七つの原則では、説明責任、透明性、倫理的行動、ステークホルダーの利害の尊重、法の支配の尊重、国際行動規範の尊重、人権の尊重が掲げられている。すべてがガバナンスやCSRの基本原則といえるものである。

3 「三方よし」と企業価値

もてはやされる「三方よし」

近江商人の理念とされる「売り手よし、買い手よし、世間よし」の三方よしは、日本型CSRの源流として国内外で紹介されてきた。経済同友会の2003年報告書にも「昨今、近江商人の『三方良し』にみられるわが国の伝統的な経営哲学が改めて評価され、社会課題の解決に関する会社への期待が今まで以上に大きくなっている」との記述が見られる。

ステークホルダー重視の経営を理解するうえでの分かりやすい言葉として「三方よし」があり、江戸時代にCSR経営の萌芽があったというのは、企業人の心をくすぐる。だが、この言葉が広く知られるようになったのは、1980年代末からの四半世紀ほどに過ぎないことに注意したい。名付け親は滋賀大学教授だった小倉栄一郎氏とされる。小倉氏は著書のなかで以下のように述べている。

「有無相通じる職分観，利は余沢という理念は近江商人の間で広く通用しているが，ややむずかしい。もっと平易で『三方よし』というのがある。売手よし、買手よし、世間よしという商売でなければ商人は成り立たないという考え方である。時代は下るが湖東商人の間で多く聞く」（小倉 1988）

1991年に滋賀県であった世界AKINDOフォーラムにセゾングループ代表（当時）の堤清二氏がパネリストで登壇。論議のなかで取り上げられた「三方よし」に感銘を受け、新聞インタビューのなかで紹介したことで、一気に全国レベルの言葉になったとされる。

先人の努力を知る意義

以前から近江商人が脚光を浴びていたわけではない。江戸時代に雄飛した近江商人が、明治以降はごく一部を除いて沈滞したとして、その理由について「いたずらに旧慣に拘泥し、祖先伝来の知識のみを基礎として経済活動に従事した結果、新時代において敗残者とならざるを得なかった」（菅野1941）と酷評する研究者さえいた。

現在も、CSRの第一人者である谷本寛治氏のように、「三方よし」を日本におけるCSRの源流と強調する議論は、「心得を歴史的に解明し解説するだけで、それが現代の企業経営にどのように生きているのか、あるいは生きていないのかについて、経営学的な研究を行っているわけではない。現代のCSRと伝統的な三方よしとはどう違うのかといった議論が必要である」（谷本2014）との厳しい指摘がある。

江戸時代には有限責任を基本とする株式制度はなく、情報開示が求められる資本市場などは存在しない。ステークホルダーといっても、支配層である武士階級の権力は絶大であり、そうしたなかで経営の永続性を保つための知恵が蓄積して「三方よし」の近江商人として語られるような経営理念や経営の工夫が生まれたといえる。限界や断絶があったことを認識した上で、近江商人が編み出した経営手法のなかに現代に通ずるものが少なくないことを知り、現在の経営理念やCSR戦略に生かすことは決して無意味だとは考えない。

近江商人にとっての「株主」

江戸時代には会社制度が成立していないため、事業の永続性を保つということは、家を守ることと同義だった。そのために近江商人はさまざまな仕組みを講じた。注目されるのは合議制による意思決定だろう。主人による独断専行を防ぐため、本家から枝分かれした分家、別家からも当主が集まり、店舗の展開に関する決定などの重要事項を審議する例は少なくなかった。さらに家の財産を危うくし、事業の継続にも影響が出ると判断された主人に対する「押込め隠居」を実行している家もある。

「主人は一つのファンクションと考えられていた。家そのものの存続が至上の目的であり、主人は後継者に経営権を任せるまでの間の役割に過ぎない。職責の本質は手代や番頭と変らない」（上村2000）との指摘はきわめて興味深い。家という考え方のもとで事業の持続性を考え、経営の暴走を許さない危機管理の姿勢には、経営者は株主から会社経営を任された存在に過ぎないという株式会社制度の大原則に通じる意義が見いだせる。

近江から出て北海道、東北から九州まで活動拠点を広げた「他国稼ぎ」の近江商人にとって、進出先での信頼の維持は自らの生命線である。江戸時代は戦乱こそないが、一揆、打ち壊しなどの騒乱は決して少なくなかった。そうしたなかで他国者は襲撃の対象となりやすい。しかし、「近江店のうち、他国者でありながら一揆の襲撃を回避し、家業と家産を維持しえた商家は少なくない」（末永2000）とされる。進出先に必要とされるような存在として、日頃から地域との良好な関係に配慮してきたことが考えられる。国際化が避けられず、途上国での現地生産が進む日本の各社にも求められる姿勢といえよう。

４ 社会と会社

問われる「会社の意義」

株主への利益還元さえ満足にできない経営者が隠れ蓑のようにＣＳＲや寄付活動への取り組みを唱えるのは許されない。マイケル・ポーターが企業による寄付やフィランソロピーやメセナ等の本業外の社会貢献活動に異議を唱えているのも、これまで文脈から読み解くことができよう。

会社の価値をわかりやすく示すものには、株価水準そのものや発行済株式数に株価をかけあわせた時価総額、株主から預かった資本に対する利益率（ＲＯＥ）などがある。ただ、長期的な企業価値を考えた場合には、そこには含まれないブランド価値や従業員、地域社会といったステークホルダーの評価、社会的な信頼なども加味する必要がある。その結果、「短期的にはステークホルダー間の利害は対立することがあるが、長期的には、ステークホルダー間の利害は必ずしも相反することなく一致するケースが多い」（河口２００４）ことになる。

三段重ねのケーキ

結婚式に欠かせないウェディングケーキを考えてみよう。まず、しっかりとした土台が欠かせない。生クリームで覆われているだけで華やかさはないが、ここを疎かにしたら立派なケーキはできない。これが経営を支える倫理感である。法令など社会の基本ルールを守るのはもとより、経営者や従業員の倫理意識、実際の行動も含めて会社を支える。

さて二段目だ。派手なデコレーションも加わり、下層より見栄えもする。これをガバナンス構造と考えたらどうだろう。倫理観だけで営利企業は永続できない。株主から預かった資本を活用し、利潤を生み出さなければならない。投資家にとどまらず、従業員への目配りが肝要だし、債権者や地域社会などステークホルダーも軽んじてはならない。トップの暴走を許さず、株式会社に求められる役割を果たす仕組みが欠かせない。

この二層があってこそ、パティシエが腕によりをかけた最上段が映える。新郎新婦の初仕事となるケーキ入刀では、その華やかさに注目が集まる。さしずめ社会に発信するＣＳＲだろう。倫理観を確立し、強固なガバナンス構造を備えた会社でなければ、大向こう受けを狙って社会的責任の実践を唱えてもいずれ底は割れる。

（荻野博司）

第8章 発信型「三方よし」のためのCSR報告

本章では、すべてのステークホルダーが満足するCSR報告のあり方を考える。現代企業においては、非財務情報を含めたCSR報告の発信が重要になっており、ステークホルダー・エンゲージメントの実践が課題として認識されるようになった。その面での日本企業にとっての動向や課題を明らかにしていきたい。

1 「三方よし」と企業情報の開示

江戸時代の商家では、緻密な会計制度が構築され、経営管理手段としても利用されていたが、会計情報を外部への財務報告という形で公開するまでには至らなかった。また広範な営業活動を展開した近江商人にとって、他所の地で「世間」からの評判を獲得することは重要であり、そのために地域社会貢献にも対応した。しかし、そのような商家の地域貢献活動を、世間に知らしめていくことに対しては「陰徳善事」という考え方もあり必ずしも積極的ではなかった。

一方、現代企業においては、財務情報のみならず非財務情報の開示拡充が要請されており、必ずしも法定開示に基づかない情報公開が積極的に行われるようになった。そこでは開示情報を基礎としたステークホルダー・エンゲージメントが志向され、数多くのステークホルダーの期待と要望に応えていくことが今日の企業活動にとって必須の条件となった。

本章では、多様なステークホルダーの満足を得ることが現代企業の長期発展の鍵となる実情についての理解を深め、そのための重要な手段として位置づけられる発信型「三方よし」としてのＣＳＲ報告の動向と課題を考察していく。

2 企業とステークホルダーのエンゲージメント

ステークホルダー・マネジメント

「三方よし」の経営は「売り手」としての企業自身、そして企業を取り巻くステークホルダーのうち、顧客である「買い手」と企業が位置する場である「世間」から信認を得ることに企業の存立基盤があることを問うものであった。

現代企業においてもこのような三方よしの考え方は継承されるが、さらにいくつかのステークホルダーの影響を加味することが必要である。エドワード・フリーマンは『戦略的経営—ステークホルダー・アプローチ』において、ステークホルダーの概念を明らかにし、ステークホルダーに対する企業の対応姿勢を論じた。

すなわち、企業の活動はさまざまなステークホルダーとの相互作用であり、企業はすべてのステークホルダーのための価値を創造することができるとの立場を主張し、実践活動への啓蒙を主導するようになった。

フリーマンが取り上げるステークホルダーの範囲は幅広く、企業から見た第一義的ステークホルダーとして、顧客、従業員、納入業者、資金拠出者、地域社会が該当し、第二義的ステークホルダーは、政府、競合企業、特定利益集団、消費者支援団体、メディア等をあげており、現代企業は後者のステークホルダーに配慮していくことも必要であるとしている。

したがって、このようなフリーマンによるステークホルダーの考え方を踏まえると、現代的なステークホルダーとして考慮せねばならないのは、まず、資金拠出者としての株主や銀行などの債権者である。彼らは利益等の確保のために、企業に対して情報開示を求めたり、コーポレート・ガバナンスに関心を寄せる。

また、従業員は安定的な雇用や収入を望み、快適な労働環境の確保を求める。一方、納入業者・下請企業は現代の法的環境の保護のもとで公平・公正な取引を望んでいる。

さらに、三方よしの現代的性格を加味してみると、「買い手」である顧客については、商品・サービスの品質や価格と共に、安全性や環境配慮についての情報開示等を求めるようになった。また「世間」としての地域社会は、地域の安全や雇用の増加、コミュニティーの活性化、環境問題への配慮を期待している。

一方で、市民社会は今日さまざまな視点から企業活動に対しての監視を強めており、NGOやNPOが現代企業に対して影響力を強めるようになっている。

このような多様なステークホルダーの期待や要望を具体的に把握しておくことも、現代企業の立場からみて重要であり、フリーマンはそれを「ステークホルダー・マネジメント」と呼んでいる。

エンゲージメント活動の実践

このように、現代企業はステークホルダー・マネジメントのために、さまざまなステークホルダーを具体的に分析する手順を必要としている。すなわち、①企業にとっての重要なステークホルダーは誰か、②その利害はどのようなものであり、なぜステークホルダーに対応する必要があるのか、③企業はステークホルダーにいかに対応すべきなのか、である。

このような一連のステークホルダー・マネジメントの技法を実践活動に則しつつ、企業とステークホルダーとの最適な関係を志向するようになった。そこでは、ステークホルダーの期待や要望を把握し、企業側が対応策を講じていくための議論の場を設けることも必要である（ステークホルダー・ダイアローグ）。近年では、このような企業とステークホルダーの関係構築を「ステークホルダー・エンゲージメント」と呼ぶようになった。

また、エンゲージメントの考え方としては、企業とステークホルダーが双方向のコミュニケーションを通じて相互理解を促進する段階から、それを超えて解決すべき課題（エンゲージメント・アジェンダ）を設定した上で企業価値向上に向けた課題解決について議論し、緊密な関係を維持しながら結果を出していくものとして捉えられるようになっている。

そのようなエンゲージメント活動を行うに際して意識されているのは、企業とステークホルダーの相互の関係のなかで課題解決を実践し、その結果を報告書等で開示していく責務が発生していることである。

株主に対しては財務情報を中心とする一連の法定開示の要請があり、またＩＲ活動において株主の要望を把握し、その対策を講じていくことが企業価値を向上させる意味でも重要である。その際、長期的な企業評価を行う上では、非財務情報の分析が重要視されるようになり、その面での開示フレームワークの構築が進められている。

また今日、企業活動に関心をもつＮＧＯや市民社会も企業行動についての情報開示を求めており、その開示情報をもとに監視活動が行われ、企業はそれらについての対応状況の報告を行うようになった。

このような意味合いから、近年、財務報告のみならず、非財務報告、すなわち企業が発行する「ＣＳＲ報告書」や「サステナビリティ・レポート」といった必ずしも法律で要請されていない企業報告の役割が注目を集めるようになっている。

3　現代企業におけるＣＳＲ報告の意義

近年におけるＣＳＲ報告の拡充

２０００年代以降、日本企業においては「環境報告書」の作成が目立つようになり、多くの企業が現在「ＣＳＲ報告書」や「サステナビリティ報告書」を発行するようになった。Ｋ

ＰＭＧの２０１１年の調査『ＣＳＲ報告に関する国際調査』によれば、世界34ヵ国における上位10か国で８割以上の企業（各国の売上高上位１００企業）がＣＳＲ報告書を作成しており、内、上位３か国はイギリス（１００％）、日本（99％）、南アフリカ（97％）の順で各国上位企業では大多数が報告書を作成するようになった。

また、法制面の要請では、デンマークやイギリス、フランスなどで非財務情報についての法定開示が比較的早期に行われ、この動きは欧州を中心に拡大している。２０１４年９月にはＥＵ（欧州連合）として非財務情報開示の指令が正式に発せられ、上場企業等は社会、従業員、環境、人権、腐敗防止に関する方針、実績、主要なリスクについての開示が義務付けられた。

そして、このようなＥＵの動きは世界諸国に影響を及ぼすことになる。非財務情報開示にはサプライ・チェーンの情報も含まれるため、アジアで事業を行う欧州企業や欧州で事業を行うアジア企業にも開示の要請が義務付けられる。

また、新興諸国の最近の動向も重要である。南アフリカ共和国のヨハネスブルグ証券取引所では上場企業に非財務情報を含めた「統合報告」の作成をいち早く義務付けた。またブラジルの証券取引所では上場企業にサステナビリティ報告書作成の有無を報告させ、作成していない場合はその理由の開示を求めている。中国では国策としてＣＳＲ報告書の作成を推進している状況である。

一方、日本では、独立行政法人において環境報告書の作成を義務付ける動きがみられたが、企業に対する法定開示の動きは目立たず、企業自身による取組みの方が先行した。多くの企業が発行する報告書に対して、さまざまな機関がその内容を評価するアワードの付与などが慣例化するようになり、その面での企業競争が生じる動きも起こっている。

CSR国際規格の影響と評価

このようなCSR報告書の作成にあたっては、記載する内容について、報告書が準拠すべきフレームワークの重要性が高まることになった。すなわち、さまざまなCSR国際規格に沿った対応がグローバル企業を中心に求められるようになったのである。ここではCSR報告に伴う代表的な規格を紹介するとともに、多様なCSR国際規格を次の3つに分類する見方を提供し整理してみる。

第一に、CSR報告を行う上での国際的なフレームワークとして多くの企業が準拠ないし参照しているのがGRI(Global Reporting Initiative)のサステナビリティ・ガイドラインやISO26000などである。これらの規格は第三者の認証や保証を要しない「ガイドライン規格」であり、今日、参照企業数の増加とともにCSR活動およびCSR報告書を作成する上での世界の標準になりつつある。

第二は、国連グローバル・コンパクトやOECD多国籍企業ガイドラインなどのように規格としてのエンフォースメントの仕組みが内在されているものである。前者は参加企業に対して毎年の報告書の提出義務を課しており、提出がない場合、企業名が公表される措置が講じられる。また後者はＯＥＣＤ加盟国等の参加各国において窓口（National Contact Point）が設置され、違反企業は窓口に提訴され、政府機関等が斡旋を主導する責務を負っている。

第三は、認証機関による第三者認証が行われるもので、環境マネジメントシステムの認証規格として有名なＩＳＯ１４００１、労働分野のＣＳＲ規格であるＳＡ８０００、国際フェアトレード機構（ＦＬＯ）によるフェアトレード商品のラベリングなど、認証を伴うものである。企業の立場からは、認証を得ることで公正な企業行動を志向する姿勢を示すものとして認証規格の活用が重視されている。

このように、現代企業は各国における法令を順守しつつ、さらにそれらソフトローとしてのＣＳＲ国際規格の影響を無視できない状況となった。またさまざまなＣＳＲ国際規格の乱立は、企業にとって個々の規格それぞれに対応を余儀なくされる負担を抱えるようにみえるが、近年は規格間の連携も進み、内容面での整合性も図られつつある。たとえば２０１１年には国連のジョン・ラギーによる「ビジネスと人権の指導原則」が採択され、多くのＣＳＲ規格との間で覚書が交わされており、規格間の足並みが揃ってきた。

以上、ＣＳＲをめぐるソフトローの環境整備により、企業はＣＳＲの実践活動を社会に対して具体的に示していく必要性を認識し、実践するに至ったと考えらえる。

4 日本企業のＣＳＲ報告についての課題と示唆

以上、本章では、企業とステークホルダーの関係についての円滑な管理を志向することが現代企業の責務となってきた事情を述べてきた。またそのために行うべきＣＳＲ報告の現状動向を明らかにした。最後にここで日本企業のＣＳＲ報告のあり方についての示唆を行う。

日本企業のＣＳＲ報告はすでに多くの大企業により実施されており、発行状況は世界有数の位置を占め、また内容面でも情報量は豊富である。

しかしながら、課題として意識されるのは、重要性の高くない情報も含めて総花的に報告書が作成される傾向がある点である。近年、個々の企業が誰に向けて、どのような情報を提供するかという「マテリアリティ」についての考え方が問われるようになっている。すなわち、個々の企業が把握する課題の重要性について優先度を位置づけ、特定のステークホルダーたちを念頭に置いた実践活動への志向が求められるのが近年の趨勢である。

このように各社の立場に応じた工夫を講じていく「原則主義」（プリンシプルベース・アプローチ）の潮流への対応がまさに現在の日本企業に求められているところであるといえよう。従来のＣＳＲ報告が同業他社の行動に従うピア・プレッシャーに基づくところは否定しにくく、その分、発行状況はハイレベルであるが、読者はせいぜいのところ、社内の従業員であるとか、就職を希望する学生などが中心であるとすると、報告書発行の目的は十分に生かされていないように思われる。

このような現状を踏まえると、現在の日本企業のCSR報告のあり方に対する問題意識も生じよう。各社の取り組みは、当然のことながら日本を取り巻く土壌を反映しており、一方でグローバル企業は世界の趨勢を見据えて対応を講じているはずである。

グローバル企業のCSR報告は国際的なCSRの基準を反映するところを強めているが、ここでは日本企業の課題として、日本企業をとりまくステークホルダーの特徴について述べておきたい。すなわち、企業が開示するCSR情報ないし非財務情報に注目するステークホルダーの現況について触れておくことが必要であると思われる。ここでは重視されるステークホルダーとして、次の2つのセクターをあげよう。

第一に、長期的な視点から企業評価を行う年金基金等の機関投資家である。機関投資家の投資資金は世界中の企業に向かうが、近年は過去情報としての財務報告に加えて、将来志向的な企業評価を行う上で非財務情報に注目する傾向が増大し、非財務情報の開示フレームワークの議論が進展してきている（国際統合報告委員会（ＩＩＲＣ）の統合報告フレームワーク）。

日本では、この点について国内の機関投資家の運用体制の改善が議論され、2014年2月に「日本版スチュワードシップ・コード」の策定・公表が行われるなど、世界の趨勢を意識した動きが出てきた。責任ある機関投資家としての投資や対話のあり方の原則が定められ、それに対して受け入れ表明を行う機関投資家が増えている。

第二に、企業を監視するセクターとしての日本におけるＮＧＯの役割である。市民社会の監視の動きが必ずしも強いとはいえない日本の実情が、実は企業側の開示姿勢を規定しているところが少なくないと考えられる。

たとえば、グローバルな活動に軸足を置くようになった日本のアパレル企業は、近年、新興諸国における労働・人権対応を講じていく必要に迫られた。国内外のさまざまな領域のＮＧＯの活動も今後、日本企業に対してさらに影響を強めていくものと思われる。

このように、投資家を含めた社会の側の作用が企業情報開示の意義や有効性を問う上での要であり、社会の側のモニタリング能力の向上がこれからの企業と社会の関係を考えていく上での課題である。本章におけるＣＳＲ報告についての重要性を問うた意義はこのようなところに視点があることを最後に強調しておきたい。

（田中信弘）

第9章　キリンのCSVへの取り組み

ＣＳＶは、企業と社会を「ウイン・ウイン」の関係にできる。また企業の本業を通じて社会課題を解決していくという経営姿勢は、売り手（企業）よし、買い手（消費者）よし、世間（社会）よしという近江商人の「三方よし」の経営理念と相呼応する。この観点よりＣＳＶ本部を立ち上げたキリンのＣＳＶ活動を考察した。

1　「CSV本部」を立ち上げたキリン

新しく設置されたCSV本部の役割

2013年1月にキリンホールディングス株式会社はキリンビール、キリンビバレッジ、メルシャンの三つの事業会社を1社に束ねた国内綜合飲料事業会社であるキリン株式会社を設立した。国内の経営環境は、人口の減少や高齢化により今後益々厳しさを増す、との予測のもとに実行された組織変更であった。

キリンは事業会社の1社化のみならず、間接部門も再編成を実施した。これは、キリングループが2012年10月に発表した2021年のありたい姿を描いた長期経営構想「キリン・グループ・ビジョン2021」（通称：KV2021）を達成に向けて、「ブランドを基軸とした経営」を推進するために実行したものである。

この「ブランドを基軸とした経営」とは、企業と従業員が一体となり「お客さまにとっての価値」を「商品ブランドの創出」と「CSVの実践」により生み出し、「企業ブランドを活性化」させることによって、事業を持続的な成長軌道に乗せるという戦略である。筆者はこのCSVの取り組みが「三方よし」の理念である「売り手よし」「買い手よし」「世間よし」に通じていると考えている。

キリンのＣＳＶ本部は、ＣＳＶを推進するための部門として新たに設置され、社会と共有できる価値を企業全体で創造し、企業ブランドを高め、競争力を強化することをミッションとしている。日本でＣＳＶを部門名称に掲げている会社は大変珍しいのではなかろうか。設立当初はブランド戦略部、ＣＳＶ推進部、コーポレートコミュニケーション部の３つの部門構成でスタートした。後に、デジタルマーケティング室も加え、事業会社のマーケティング部が持っていたデジタルマーケティングの機能も集約した。

自社のＣＳＲの価値を広報で発信してレピュテーションを上げよう、という取り組みは良く行われている。キリンの場合は、「ブランドを基軸とした経営」を掲げているため、生活が楽しくなるような商品ブランドの創出を担うブランド戦略部を加え、企業の価値を創出し発信する組織としている。

キリン株式会社の磯崎社長は２０１３年10月17日付朝日新聞「私の視点」で次のように語っている。「私はキリンホールディングスのＣＳＲ担当役員として二回、世界経済フォーラム（ダボス会議）に出席し、世界の経営者がＣＳＶに関心を高めている様子に接した。さらに東日本大震災で被災したキリン仙台工場を早期に再建させる決断をしたことも大きかった。被災した街を見渡しながら、企業と地域、社会のあり方を考えた。こうした経験から今年（２０１３年）１月のキリンの組織改編時に「ＣＳＶ本部」を立ち上げた。」

2 CSVとはなにか

CSV（Creating Shared Value）とは、社会課題の解決と企業の利益、競争力の向上を両立させ、社会と企業の両方に価値を生み出すための経営フレームのことである。米国の経営学者マイケル・ポーターらが提唱した。2011年1月にマイケル・ポーター教授らのCSVの論文の英語版が、同年6月に日本語版が発行された。

CSVの基本コンセプト

CSVは、社会課題の解決が企業の持続的成長につながるとの基本的考え方と、製品・サービス、バリューチェーン、ビジネス環境、というCSVの3つのアプローチからなる経営のフレームである。

(1)製品・サービスのCSV

CO_2排出削減に貢献する商品、途上国の衛生環境を改善する製品など、社会課題を事業機会と捉えた製品・サービスの創出

(2)企業活動（バリューチェーン）のCSV

エネルギーや資源の効率的利用によるコスト削減、サプライヤー支援による生産性向上、

女性の活躍、流通網の創造など調達・物流・生産・販売・人材管理などの企業活動（バリューチェーン）の社会価値創造を通じた競争力強化

(3) ビジネス環境のＣＳＶ

自社と市場に必要な人材の育成、社会と自社にとって有用なルールの形成、社会的課題への啓発を通じた市場創造など事業展開地域の発展支援、社会課題解決支援を通じたビジネス環境整備による自社競争力の向上

3 キリンが取り組むＣＳＶ

「事業を通じたＣＳＲ」が進化して生まれたＣＳＶ

キリンでは以前から「事業を通じたＣＳＲ」を推進するために、リスク・コンプライアンス、アルコール関連問題、環境、食の安心・安全などのさまざまな課題に取り組んできている。また、２０１２年までは「お客様や社会に対して価値を創造するという、企業本来の目的を追求することをＣＳＲととらえる。」と定義していた。これは一般的に「事業を通じたＣＳＲ」や「戦略的なＣＳＲ」と呼ばれるものと考えられ、既にＣＳＶに近いステートメントを掲げ活動していたのではなかろうか。また、キリンホールディングス株式会社の三宅社長は同社のサ

スティナビリティ・レポートの中で「モノでコト、コトでヒトに貢献する」と語っており、これは単に商品やサービスを届けるだけではなく「価値」を届けることを目指しているものと考えられる。この戦略の転換は、「価格営業から価値営業へ」として評価され、2010年にはポーター賞（一橋経営大学院が主催）が授与されている。このようにキリンのCSVへのチャレンジは、2013年にいきなりスタートしたわけではなく、これまで取り組んできた「事業を通じたCSR」が「CSV」に進化したものと言える。

図表9-1

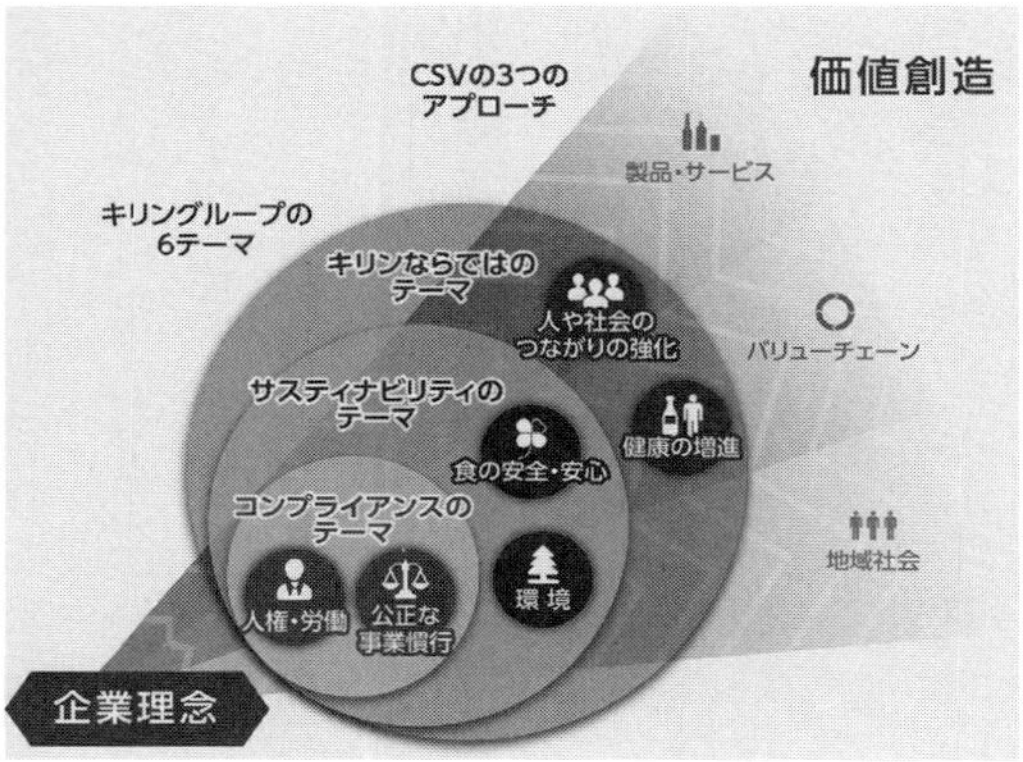

キリンにおけるCSVはマイケル・ポーターが提唱している通り「社会課題への取り組みによる社会価値の創造」と「経済的価値の創出」を両立させることがコンセプトになっている。

いわゆる社会と企業のウィン・ウィンの考えである。具体的には、一つの取り組みが社会的価値と自社にとっての価値の両方を生み出すことである。キリンは、人権・労働、公正な事業慣行、食の安全・安心、環境、人や社会のつながりの強化、健康の増進、という6つのテーマと、①製品・サービス　②バリューチェーン　③（事業基盤としての）地域社会の3つのアプローチにより、ステークホルダーとの間で共有できる価値を創出する、としている（図表9—1）。特に、事業との関わりが深い、「飲みもの」で社会課題を解決し価値を創出することを考えており、人や社会のつながりの強化、健康の増進、の2つのテーマをキリンならではのテーマ、として優先課題としている。

次に、キリンの地域社会への取組事例について紹介したい。

キリンのCSVの事例

(1)「キリン 氷結® 和梨」の発売 ～福島県産「梨」の活用～

2011年3月11日の東日本大震災はキリンにも多大な被害をもたらした。キリンビール仙台工場は港に隣接しており、高さ7mにも及ぶ津波により甚大な被害を蒙ることになった。被災した立場から、キリンは東日本大震災への復興支援を中長期的な視点から開始した。その一つの表れが、2013年11月に発売された「キリン 氷結® 和梨」（図9—2）である。

図表9-2

福島の復興に向けて、福島の豊かな食材の復興の一助となれば、と考えて発売されたものである。

「キリン 氷結® 和梨」が発売された経緯は、キリンビールマーケティング株式会社の植木前社長の発案にまで遡る。2011年から3年計画で、セブン＆

アイ・グループは協賛企業各社と被災企業の商品を全国で展示販売する「東北かけはしプロジェクト」をスタートさせた。ある会場で福島県産の農産物の販促イベントが実施された際、植木社長は当時の佐藤雄平福島県知事と会ったそうである。知事は自ら福島県産の新米の宣伝を一生懸命にされており、その姿に感銘を受け、マーケティング部門に「福島県のお手伝いができないか。」と打診したのが始まりだそうである。

2013年に福島県で収穫された梨の果汁を使った「キリン 氷結 ® 和梨」(期間限定品)は、福島県が推進している「ふくしまから　はじめよう。」のロゴマークをパッケージに掲載し、福島の豊かな恵みとおいしさをお客様に伝えることにより、福島の農業を応援し、大変好評を得た。福島を支援したいと考えるお客様を商品で結び付け、本気で応援するキリンの姿勢がお客様から評価された。社会的な課題の解決と企業の経済的な価値が両立し、CSVとなった事例である。「キリン 氷結 ® 和梨」は、好評に支えられ、2014年の秋にも発売された。さらに、お客様から要望が多かった500㎖缶のラインナップも追加された。

この商品の発売はキリンにとって、従来とは異なる顧客接点や市場開拓を可能にしたそうである。また、メディア・行政・市民団体との接点にも変化をもたらした。福島県の農家はこの「キリン 氷結 ® 和梨」によって大いに励まされ勇気づけられた。またそれが農家の友人や親せきの購買動機になったという報道(販売当日の地元紙)もあった。まさに「売り手よし、買い手よし、世間よし」の「三方よし」を具現化した事例ではなかろうか。

⑵キリン仙台工場の復旧と被災地支援

前述の通り、キリンビールの仙台工場は甚大な被害を受けたが、それを乗り越えるべく２０１１年4月7日仙台での記者会見で再建を表明した。被災２００日後の9月26日には仕込みを再開し、11月2日には出荷も再開した。関係者の努力は並々ならぬものがあったのではなかろうか。その背景には１９２３年から操業を開始した仙台工場への想いや地域社会との深い関係があり、自らの工場の操業再開こそが被災地復興支援の第一歩となると考えた。こうした経緯で、キリンは「被災地の復興支援に自社として何ができるか」を真剣に考え、地域社会との協働による価値の創出を目指した活動を推進している。

２０１１年7月に立ち上げた「復興応援キリン絆プロジェクト」がその取り組みである。キリングループが3年間で60億円を拠出し「絆を育む」をテーマに「地域食文化・食産業の復興支援」「子どもの笑顔づくり支援」「心と体の元気サポート」の3つの分野での支援を展開した。ちなみにキリンは、２０１１年のプロジェクト立ち上げの年と翌２０１２年は、お客様と一緒に復興を応援したいとの想いから、ＣＲＭ（Cause Related Marketing：社会的な課題解決のために、企業が顧客から賛同・応援消費を引き起こすマーケティング手法）により、対象商品を買って頂いたお客様から1本につき1円をお預かりして復興支援に使うことを決定した。

キリンは食に関わる企業であるため、特に、食文化・食産業の復興支援に「キリンらしさ」が強く表れている。おいしい食材が食卓に届くには、それを生産する農業や水産業が元気なことが大切である。そして農業や漁業が生み出した食材を加工する第二次産業も復興しなければならない。さらにそこに付加価値をつける第三次産業が必要になってくる。それぞれの分野を支援するためキリンでは「東北復興・農業トレーニングセンタープロジェクト」を2013年より立ち上げ2年目の活動に入っている。「農業経営者リーダーズネットワークin東北」や「農業復興プロデューサーカリキュラムin東京」により、生産者や農産物をプロデュースする人たちを応援している。このトレーニングセンタープロジェクトからプロジェクトアウトした食材やサービスが市場に出回り、キリンの商品と一緒に食卓にのぼる日も近いのではないだろうか。

また2013年からは復興支援第2ステージとして「生産から食卓までの支援」をテーマに、農作物・水産物のブランド育成支援や販路拡大支援などを並行して展開している。この一次産業、二次産業、三次産業を掛け合わせた、いわゆる六次産業化への支援の事例も「三方よし」の具現化と言える。

4 三方よしとCSV

CSV（共益の創造）は未来形

CSVは、企業と社会をウイン・ウインの関係にできる。また、企業の本業を通じて社会課題を解決していくという企業の経営姿勢は、消費者からも共感を呼び、支持される可能性が高い。すなわち、買い手からも支持される。したがって「売り手（企業）よし、買い手（消費者）よし、世間（社会）よし　という「三方よし」の経営理念はCSVの概念と相呼応する。

一方、三方よしの経営理念とCSVの概念の違いもある。前述のように、三方よしの経営理念では「陰徳善事」という言葉が意味するように、「人知れずよい行いをする」ことを尊い心がけとしている。

日本企業においてはこのような「陰徳の美」の価値観があり、「わが社は社会に貢献しています」とはあまり言わないがCSVでは「本業を通してこういう社会問題を解決していきます」というトップのコミットメント（約束）が大事である。過去の実績については「陰徳の美」があるとしても、未来に向けたコミットメントに必要なのは「勇気」である。

キリンでは、CSV本部設置以前にも「キリンフリー」を用いた飲酒運転根絶の啓発活動とノンアルコール市場の開拓や、容器軽量化によるCO_2とコスト削減などのCSVを実施している。しかし、CSV本部を設置した意図は、CSVにこれから積極的に取り組んでいくというコミットメントにある。

2013年7月に開催されたCSVサーベイランスネットワーク（現在は、一般社団法人CSV開発機構）のシンポジウムで講演したキリン磯崎社長は「CSVを部門名称とすることについては、社内でも議論があった。最終的には、マイケル・ポーター教授の助言もあり

CSVを宣言し実践することを決断した。」と語った。未来に向けたコミットメントを発信した磯崎社長の「勇気」はCSRの学識者、研究者、そして日本の大企業の経営者やCSR担当役員、担当スタッフに大きな影響を与えている。

一方、キリンの取り組みはまだ始まったばかりといえるし、これまでのキリンの歴史の積み重ねの延長線上にあるともいえる。このような活動を積極的に行い、さらなるCSVを実践していくためにはCSV本部が各事業会社を支援し、協働する。そして最終的には、キリンの従業員一人ひとりが業務を通してCSVを実践するために、社内へどう浸透させて行くかが今後の重要課題になってくる。

日本では2003年がCSR元年と言われる。以来12年が経過し、多くのマーケットが成熟した昨今、経営トップは旧来型の思考から脱して次の競争戦略を持つ必要がでてきた。CSRとCSVは共存するものであるが、低成長時代を乗り切る新しい「競争戦略論」として、また「新経営戦略」としてCSVが注目されている。

謝辞：本書の執筆に当たっては、キリン株式会社CSV本部CSV推進部企画担当主幹太田健氏に取材・情報提供でご協力をいただきました。心よりお礼申し上げます。

（平塚　直）

第10章 「伊藤園」の〝トリプルS〟戦略

総合飲料企業である株式会社伊藤園は、「お客様第一主義」の下、本業を通じた関係者との協働による「持続可能な生産と消費」を推進している。特に主力である緑茶では、「茶畑から茶殻まで」幅広い取り組みを行っている。

現在、企業は、社会対応力をつけ（ＣＳＲ）、関係者との連携により共通価値を創造し（ＣＳＶ）、そのためにみんなで学ぶ人材育成（ＥＳＤ）の〝トリプルＳ〟が求められている。伊藤園はこの３点を経営に活かし「発信型の三方よし」により「世界のティーカンパニー」を目指している。

1 伊藤園の「お客様第一主義」

社是「…信頼を得るを旨とする」にはCSRのDNA

伊藤園(1966年設立)は、「世界のティーカンパニー」を目指す総合飲料メーカーである(2014年4月30日現在、従業員5、339名、全国201拠点)。伊藤園グループは、国内ではタリーズコーヒージャパン株式会社やチチヤス株式会社などをもち、海外では北米、中国、豪州などで展開、直近の連結売上高は4、377億円である(2014年4月期)。本章は筆者の個人としての執筆である。

伊藤園は、設立以来、「お客様第一主義」を経営理念とし、「お客様を第一とし　誠実を売り　努力を怠らず　信頼を得るを旨とする」を社是に掲げている。「信頼を得るを旨とする」は、社会的信頼を念頭に置いており、CSRの考え方と強い関連性がある。

ポーター賞受賞で「世界のティーカンパニー」へ

伊藤園は、日本企業の競争力を向上させることを目的として優れた日本企業を表彰するポーター賞(2013年度)を受賞した。この賞は、マイケル・ポーター教授に由来するものである(2001年7月に創設、運営は一橋大学大学院国際企業戦略研究科)。

無糖飲料市場の創造や茶産地育成事業などのユニークなバリューチェーンでのイノベーションと市場創造の戦略性が客観的に評価された意義は大きい。

2「茶畑から茶殻まで」

CSRとCSV

すべての組織を対象とした社会的責任の体系と本業を通じた遂行を示す国際規格「社会的責任の手引」ISO26000が2010年11月に発行された。7つの原則と7つの中核主題(「組織統治」「人権」「労働慣行」「環境」「公正な事業慣行」「消費者課題」「コミュニティへの参画及び発展」)も示したガイダンス規格である。これを企業に当てはめると、本業CSRである。CSR(Corporate Social Responsibility)は「企業の社会的責任」と訳されるが、「責任」には受動的なニュアンスがあるので、Responsibilityの本来的な意味の「社会対応力」と捉えるべきと筆者は考える。

これに関連して、競争戦略の権威であるポーターらの提唱するCSV(Creating Shared Value:共通価値の創造)が参考になる。ISO26000発行直後の2011年1月に、「戦略的CSR」(2006年に示した)の概念を発展させてCSVという考え方を発表した。

ポーターらは、社会に良く企業にも競争力につながるという状況を目指すべきであるとした。

CSVは経営戦略の概念であり、組織統治、人権、労働慣行、公正な事業慣行といったISO26000が示している網羅的な中核主題の部分について詳細なガイダンスは与えていないので、ISO26000を併用する必要がある。一方、ISO26000は経営戦略の面でのガイダンスを目的としていないので、競争戦略面で分析し方向性を提言しているCSVにより補強すべきである

特に、CSVを実現する方法としての3類型である、①製品・市場の見直し、②バリューチェーンの見直し、③産業集積（クラスター）形成は、競争戦略を立てる上で有効である。

CSVとISO26000によるCSRは目指す方向はほぼ共通であるが、アプローチに違いがあり、かつ活用局面も異なる。したがって、ISO26000を活用して7つの中核主題に取り組み、その上で企業が重点課題としている部分をCSVの考え方で補強して、共通価値の最大化を目指す。この場合、社会課題の複雑化の中では、CSVは複合的な価値創造という意味で、後藤敏彦氏のいうとおり、「CSVs」を目指すべきである。これにより、企業価値の向上と競争力の強化を図ることができる。

パートナーとのストーリー

これを伊藤園の取り組みで見てみよう。

図表10-1　茶産地育成事業

新産地事業　大分県杵築地区「お～いお茶」原料茶葉専用茶畑

出所：伊藤園ホームページ〈http://www.itoen.co.jp/csr/〉より

伊藤園ではＩＳＯ２６０００に即してＣＳＲを体系化し、このうち「環境」「消費者課題」「コミュニティへの参画及び発展」をＣＳＶを目指す重点事項と位置付けている。

同社は、主力の茶飲料事業で「茶畑から茶殻まで」一貫して「持続可能な生産と消費」を目指している。日本の荒茶生産量の約24％（２０１３年度実績）を扱うが、原料調達の一部は、①契約栽培、および②耕作放棄地などを活用し農家から全量買上げる新産地事業からなる茶産地育成事業を実施している（茶園面積は①、②を合わせて14年4月現在８８３ha）。

製造では、茶殻の一部を紙製品などに配合するシステムで、CO_2抑制、省資源化、リサイクルの一石三鳥を実現した。協力企業とともに進めるリサイクルの輪で現在、紙製品・ボード・樹脂・建材の4種類、30品目以上に拡大しており、「持続可能な消費」につながっている。香り・消臭性・抗菌性を持つ茶殻製品は、折紙教室などで消費者教育にも貢献している。

販売では、「お茶で日本を美しく。」キャンペーンなどによる世界遺産保全等の活動のほか、和食の無形文化遺産との関連で和食文化も応援している。

人と人のつながりでCSV

伊藤園は人と人のつながりを大切にして、共通価値の創造を目指している。

茶産地育成事業では、伊藤園の買い取り契約による農家の経営安定化と技術指導による農家支援、地域での雇用創出、自給率向上など社会的課題への解決の一助となり、伊藤園には原料の安定調達という、「三方よし」のウィン・ウィン関係が生まれている。さらには、荒茶工場の建設や資材関連企業・大学・茶業試験機関などとの連携強化も図られ、ポーターの「産業集積（クラスター）CSV」や原料調達段階での「バリューチェーンのCSV」に該当する。

このほか、バリューチェーンでは、調達での茶葉のトレーサビリティ確立、製造での製造委託先の企業と開発した緑茶飲料に最適な充填システム（NSシステム）や茶殻リサイクルシステムなどでも新たな価値を生み出している。

製品開発では、緑茶のカテキンなどの健康価値を大学・研究機関などとも連携して追求してきた。カテキン緑茶など特定保健用食品の開発と販売にも力を入れており、「製品のCS

V」で消費者に働きかけるものである。

世界でも、例えばアメリカのシリコンバレーで伊藤園のお茶が人気を呼んでおり、先進国を含めた健康問題に対して、無糖飲料を通じて新しいライフスタイルを提案している。

3 みんなで学ぶ伊藤園

未来のために：ＥＳＤという考え方と手法

ＩＳＯ２６０００の本業ＣＳＲやＣＳＶについては、関係者間での連携・協働が重要である。このための重要な考え方・手法が、未来のことを考える人材育成に役立つＥＳＤ(Education for Sustainable Development：持続可能な開発のための教育)である。

ＥＳＤとは、文部科学白書によれば、「持続可能な社会づくりのための担い手をはぐくむ教育」である。「教育」とは、学校等の公的教育のみならず、社会教育、企業内研修などあらゆる学びの場を含む。また、ＥＳＤの手法としては、「車座」や「ワークショップ」と「気付き」による実践的学習を重視する。

図表10-2　伊藤園グループのCSRの姿

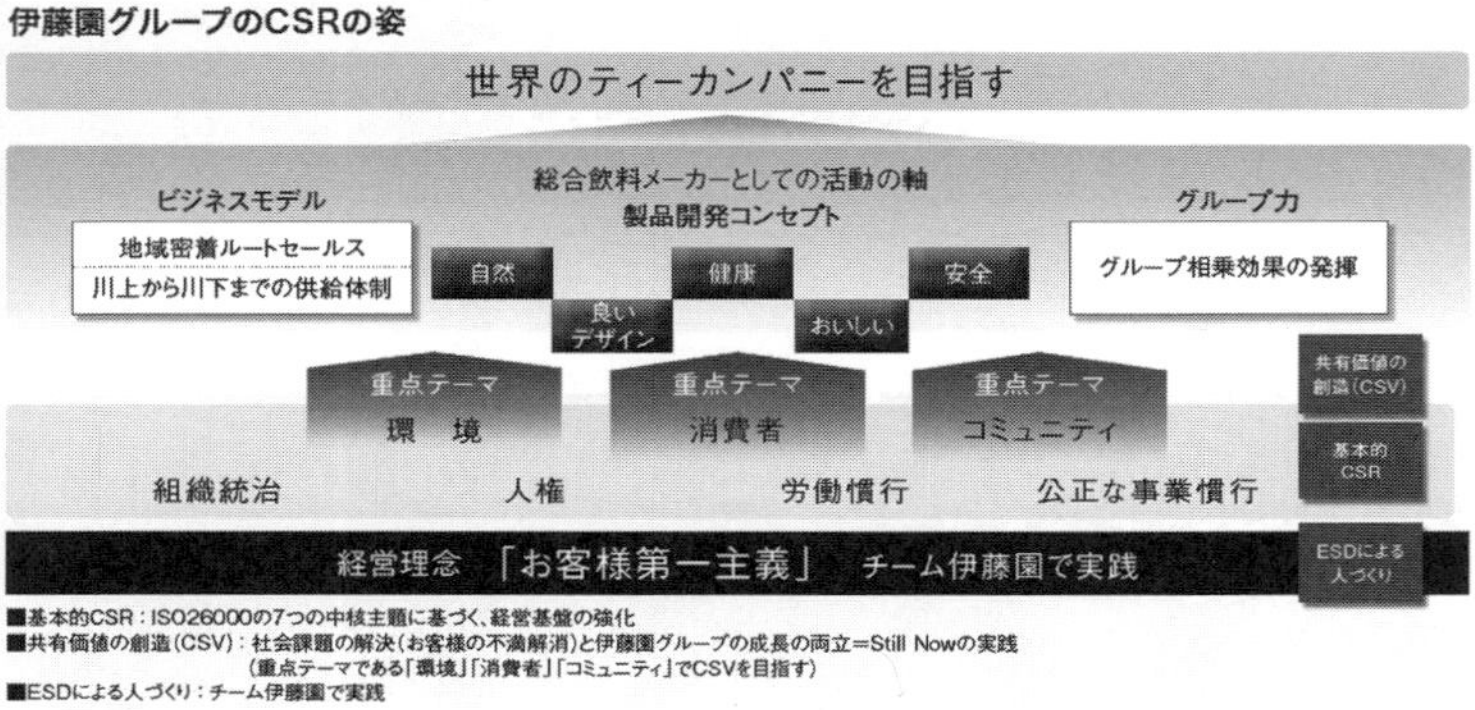

出所：伊藤園ホームページ
＜http://www.itoen.co.jp/csr/＞より

社員のスキルと会社のアセットを生かす

伊藤園では、ＣＳＲやＣＳＶを理解する人材育成としてＥＳＤを打ち出し推進基本方針を策定していることが特色である。同社のＥＳＤの代表的事例は、茶産地育成事業を通じた農家の担い手づくり・地域づくりへの貢献である。

また、社員のスキルと会社のアセットを生かした活動がある。お茶の専門家を育成する社内資格「ティーテイスター制度」（社員5、339人の約3割が有資格者）は上級が下級を指導するのが特色で、社外で体験型の出前教育も行う「実践する教育者育成のＥＳＤ」である。東北の震災復興支援として被災地で行う「お茶っこ会」も継続実施し、お茶による絆の形成にも貢献している。

25年続く「お～いお茶新俳句大賞」では、入賞作品を商品パッケージに掲載し、全国約

2400校の学校教育でも活用されている。2014年には環境省選定によるESD自由俳句の取り組みにおいて、入賞作品を「お~いお茶」の一部商品に掲載する形で協力して「持続可能な開発のための教育(ESD)に関するユネスコ世界会議」(2014年11月開催)を契機としたESDの周知活動に貢献した。

海外でも、豪州の茶産地育成事業、英語俳句(世界30数ヵ国から応募)や日本発の「無糖飲料」とお茶文化のクールジャパンの推進で「国際理解のESD」に貢献している。

CSR・CSV・ESDを統合した伊藤園の経営戦略

同社のCSRは、国際規格ISO26000活用に加え、CSR・CSV・ESDを統合した経営戦略を打ち出しているのが特徴である(図表参照)。

伊藤園のCSRは、日本食糧新聞社選定の「平成26年度 第23回 食品安全安心・環境貢献賞」を受賞した。受賞理由は「お茶を中核にした飲料総合メーカーにおけるCSR活動の継続的改善」である。

4 「発信型の三方よし」と〝トリプルS〟の経営戦略

「発信型の三方よし」

CSVは、日本の近江商人の経営哲学である「売り手よし、買い手よし、世間よし」という「三方よし」と比較される。米国発のCSVは3類型などで理論化・体系化し、関係者調整のため発信を重視している。これに対し、「三方よし」は体系化は進んでいない。また、重要な違いは、「三方よし」とともに心得とされる「陰徳善事」がポイントである。人知れず社会をうるおすことで、小倉栄一郎氏によると、「分かる人には分かる」という意味に理解されている。これは日本人特有の美徳とされてきたが、グローバル化で日本企業も的確な発信が求められているので、発信面で「三方よし」を修正する必要がある。ISO2600０が示す「信頼性確保措置」を講じた上で、「発信型三方よし」に切り替える必要がある。日本の商文化の伝統に米国発の理論体系を加え、国際標準ISO26000の信頼性確保も採用することにより、「日本型のハイブリッドなCSV」として確立していくべきである。

伊藤園では、2012年には、メディア5紙（日本経済・朝日・読売・毎日・産経の各新聞の論説委員など）が一堂に会したステークホルダーダイアログを、有識者も交えて本社で実施した（2013年CSR報告書、ホームページでも結果を開示）。このような信頼性確保については、ＣＳＲ報告書の第三者意見でも評価されている。

伊藤園は発信を工夫しており、筆者もシンポジウム・講演などでも発信している。

ＣＳＲ報告書も進化させており、２０１４年報告書では、読みやすさを工夫しつつ、統合報告に向けてＣＳＲ・ＣＳＶ・ＥＳＤを統合した経営戦略を特集した。（伊藤園のホームページを参照）

「教育ＣＳＲ」の必要性

企業が発信力をつけ、効果的な関係者調整を行うために今求められているのは、教育・訓練・能力開発の見直しである。企業としては、①ＣＳＲ／ＣＳＶ推進に不可欠な関係者との連携・協働を効果的に行える人材育成、②本業または本業に関連した協働活動を通じた人づくりや地域づくり、③ＣＳＲに取り組む社員への支援の３点が主要な事項である。

ＩＳＯ２６０００の７つの中核主題のすべてに教育が関連する。企業では７つの中核主題によるＣＳＲの体系化を行えば、各主題の教育・訓練部分が企業としてのＥＳＤ関連項目であると整理できる（組織統治教育・人権教育・社員教育・環境教育・コンプライアンス教育・消費者教育・世界遺産教育など）。

教育・訓練・能力開発なども含め広義の教育面でのＣＳＲという意味での「教育ＣＳＲ」は、「本業ＣＳＲ」への切り替えのアプローチと、ＥＳＤによる広義の教育のアプローチの

図表10-3　CSR/CSV/ESDの関係と教育CSR（筆者作成）

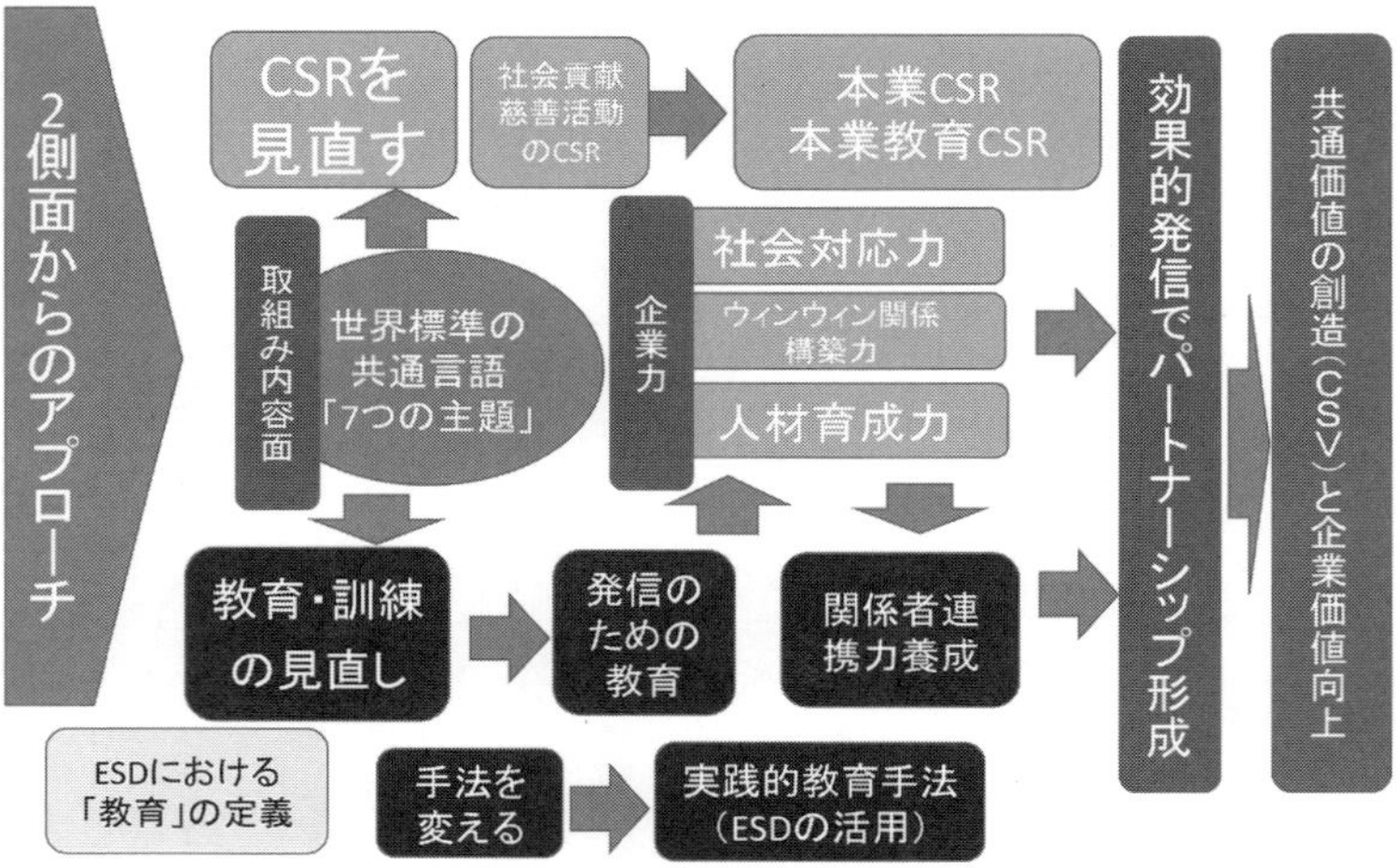

2つの視点から推進する必要がある（図表参照）。第一に、CSRを見直し、慈善活動的CSRから本業CSRに転換し、「教育CSR」も本業関連で進める。第二に、「教育」も、ESDの定義を用いて幅広い教育の場ととらえ直す。グローバル時代の人材育成にあたり、ESDが総合的学習手法として役に立つ。

2つのアプローチの共通項が世界標準の共通言語として役立つ7つの中核主題である。本業を通じて7つの中核主題をこなし、教育面では7つの中核主題に即した「教育CSR」をESDの手法で行うことで、企業の活動は効果的になる。パートナーシップが生まれ、共通価値の創造につながる。

〝トリプルS〟（CSR／CSV／ESD）の経営戦略

ＩＳＯ２６０００はＣＳＲの新潮流となり、企業にとって使い勝手の良いガイダンスで、特に7つの中核主題は優れている。ポーターらのＣＳＶは、ＣＳＲと矛盾するものではなく、互いに補完するものである。ＩＳＯ２６０００によるＣＳＲは網羅性が高まり、重点を定めて価値創造を目指すＣＳＶと組み合わせて推進することにより、戦略性が高まる。また、ＥＳＤは、ＣＳＲ／ＣＳＶの理解の促進に役立ち、「教育ＣＳＲ」として推進すべきである。

今後は、グローバル社会での的確な発信方法の手法も磨きつつ、幅広い関係者との連携・協働による共通価値創造につなげていく必要がある。

この場合、ＩＳＯ２６０００が、社会的責任に関する情報発信では次の7つの留意事項を示している（①完全である、②理解しやすい、③ステークホルダーの関心に敏感である、④正確である、⑤バランスが取れている、⑥時宜を得ている、⑦入手可能である）ことが参考になる。そして信頼性確保のために関係者からの意見の聴取を重視している。

ＣＳＲ・ＣＳＶ・ＥＳＤの3つの要素は相互に密接に関連性がある。いずれにも共通している事項は、これらを推進するのは人であるという点である。人と人とのつながりが新たな価値を生み出す「パートナーシップの時代」となった。

人と人とのつながりで推進する事項には、筆者の行政経験なども踏まえると、優良な活動の地理的・時間的・情報的広がりを図ることが重要である。

図表10－4　〝トリプルS〟による経営戦略（筆者作成）

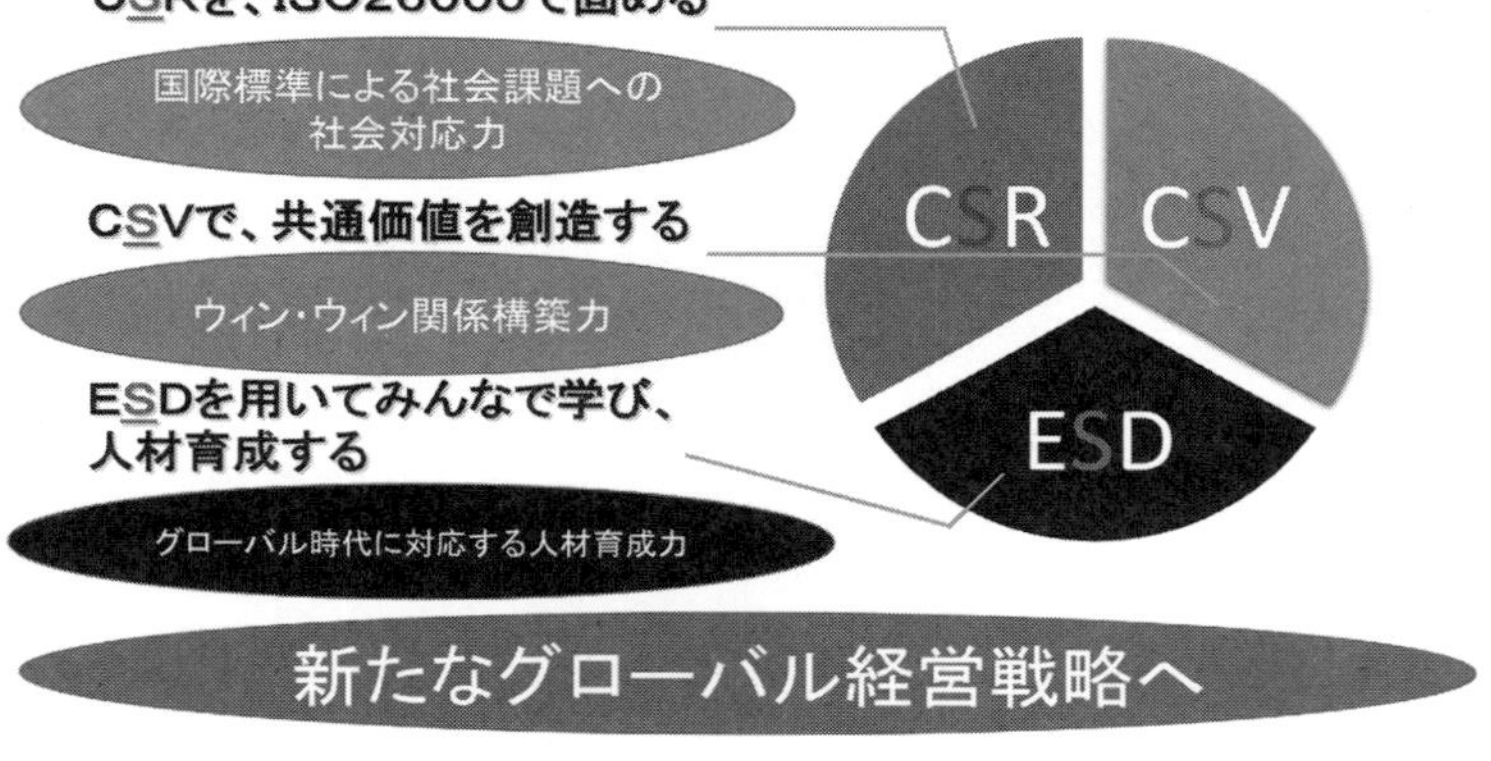

このためには、企業としては、〝S〟を含む三つのキーワードで次の対応が必要である。

①〝CSR〟を国際標準ISO26000で固め社会対応力をつける。

②〝CSV〟でウィン・ウィン関係を構築、複合的な共通価値（CSVs）を創造する。

③〝ESD〟を用いてみんなで学び、教育CSRを推進する。

以上を実践していくCSR／CSV／ESDの統合（〝トリプルS〟）が経営戦略上有効である（図表参照。拙著「CSR新時代の競争戦略」（日本評論社）で詳説）。

グローバル時代に対応するため「発信型の三方よし」と〝トリプルS〟の経営戦略が今求められている。

（笹谷秀光）

第11章

「笑顔のために」アデランスの戦略的CSR
―現代版三方よしの実現を目指して―

株式会社アデランスは、1969年に男性用ウィッグ販売会社として設立し、その後女性用ウィッグのフォンテーヌの買収などにより女性ウィッグ市場にも業容を広げ、2014年現在では、世界15か国でウィッグ及び自毛植毛医療技術を提供する業界最大手の総合毛髪関連企業となっている。

本章では、三方よし経営の現代版として、「社会的価値を持った活動」、つまり「社会的課題を自社の強みによって解決してく活動」を、戦略的に、そしてグローバルな広がりを持って推し進めている当社のCSRを具体的な特徴を整理しながら述べていく。

1　アデランスの戦略的CSRとは何か

「笑顔のために」で経営理念の実現を牽引する

当社のCSRは、「社内の『社会的価値を持った活動』を深め、広げることで、お客様や社会からの信頼に基づいた、健全で永続的な企業成長を目指す」と定義化することで、経営理念に沿った企業成長の一端を担うことになり、「事業と一体化した戦略的CSR」を推進することになった。

ここで言う「社会的価値を持った活動」とは、「社会的課題を自社の強みによって解決していく」ことであり、活動基盤を「自社の強みを社会で活かす」としたことで、図11―1の「経営理念」と方向性が合致していることがわかる。また、CSR活動メッセージを経営理念にある「笑顔」の実現に集約し、「笑顔のために」とすることで、「すべての人の笑顔のために自社の強みを活かす」といったように活動方針も明確にしている。

図表11-1　経営理念

私たちアデランスグループの最大の使命は
毛髪関連事業を通じて
より多くの人々に夢と感動を提供し
笑顔と心豊かな暮らしに貢献することです。

私たちが目指すもの
「最高の商品」
「最高の技術」
「心からのおもてなし」

図表11-2　見える化のためのCSRコミュニケーションツール

「社会的価値を持った活動」の見える化

「ＣＳＲ活動とは何か」を理解してもらうには、目に見える形で「こういったことが事業と一体化したＣＳＲです」と示すことが最も有効な手段といえる。そこで、組織内に存在する社会的価値を掘り起こすために、商品企画から販売後のアフターケアまでの全事業プロセスをＣＳＲ視点から検証をし、組織横断的に、そしてグローバルに、社会的価値を持った活動がどのように行なわれているかを見出し、そうした活動の資料化・見える化に注力した。

そして、「見える化」の完成形として小冊子「笑顔のために」と「ＣＳＲコミュニケーションレポート」にまとめた。「ＣＳＲコミュニケーションレポート」は、取引先や投資家の方々へ当社のＣＳＲへの取り組みをわかりやすく伝えるため、今できていることを背伸びせず、ページ数も少なく抑え、読みやすさを心がけて作成している。

小冊子「笑顔のために」は、当社のＣＳＲコミュニケーションの象徴的な位置づけのものとなっている。読んでもらう対象を、社員と社員の家族に絞り込むことで、「アデランスはCSR活動を通じてこんなに社会的な価値を創り上げている会社なんだよ。」と胸を張って家族に伝えられる。こうした思いがこの小冊子の作成に込められている。「笑顔のために」という題名は、あえて「お客様の笑顔」とは限定せずに、社員も、家族も、取引先も、お客様も、というようにすべてのステークホルダーの笑顔を願った、当社のCSRの姿勢を表現している。（図11―2）

営業現場を基軸にしたCSR活動

多くの企業において、CSRは法務・総務といった管理系部門が担当し、コンプライアンスの徹底や環境負荷の低減を図るといったことからスタートし、まず実施されるのが、社員向けCSR研修ではないかと思う。そこで社員は、「CSRとは何々で、〇年ごろにヨーロッパにおいてその重要性が提唱され、日本では平成〇年に…」などといった概要説明を受け、なぜ今CSRが必要なのかといったことを集合教育やeラーニングなどで学んでいくことになる。

しかしながら、当社ではそういったアプローチでの社内浸透策が営業現場に業務負荷を与えてしまうことを危惧し、教育研修という形ではなく、CSR社内コミュニケーションとして、「私たちの活動は、こんなにも社会から評価されています。」ということを、小冊子を用いながら伝えていくことにした。営業本部会議や店長会議などの場を利用したCSR報告は、社員にとって、日々の業務に負荷されることではなく、今まで行なってきた活動への再認識、または、社内にありながら今まで知らなかった素晴らしい活動との出会いといったように非常にポジティブなものとなった。自社の素晴らしい取り組み内容を知った営業現場の社員は、その小冊子を家族に見せるだけでなく、「お客様との長いお付き合いのために、この小冊子をお客様に手渡したい」との思いを持ち、１年間で３万部を越える部数の小冊子が社員の笑顔と共にお客様に届いている。

2　お客様や社会に真剣に寄り添う

子どもたちにウィッグをプレゼントする「愛のチャリティキャンペーン」

「愛のチャリティキャンペーン」とは、病気やけがで髪の毛を失ってしまった子どもたちに、髪の悩みが心の傷として残らないようにウィッグをプレゼントする、という１９７８年から35年以上続いている活動のことである。この活動によって、脱毛で悩む多く子どもたちと出会い、病気で髪の毛を失うことの辛さを深く理解することになった。アデランスのＣＳＲ活動の原点といえる。

また、子どもたちは、それぞれの成長段階によって頭の形が異なり、大人のためのウィッグよりもサイズ調整がむずかしい。このチャリティキャンペーンに真剣に取り組むことで、当社のウィッグへの調髪・調整技術力が高まるといった成果も生んでいる。

なお、当初はクリスマス時期のキャンペーンとして始まった活動が、CSRの浸透とともに、今では年間を通じてより多くの子どもたちに笑顔を届けることができる形へと進化している。

バリアフリーの環境で患者様に寄り添う「病院内理美容サロン」

「病院内理美容サロン」とは、抗がん剤治療の副作用で脱毛してしまう患者様に対して、病院内にバリアフリー環境の理美容サロンを開設して、医療向けウィッグの相談に乗るといったサロン展開のことを指す。従来、患者様から脱毛の相談を受けた医師も看護師も、どのメーカーのウィッグを紹介すればいいのか分からず苦慮していた。そこで、病院の意向に応える形で2002年に静岡がんセンターにバリアフリー環境の第1号店を開設し、2014年現在では全国20カ所以上の病院に理美容サロンを展開している。開設以来、患者様だけでなく、病院関係者の方からも感謝され、当社にとっても医療向けウィッグを紹介する機会となり、「三方よし」の関係がしっかりと構築できている。

この取り組みの背景には、社員の6割以上が理美容技術者であるという当社の強みがある。つまり、当社にとって「自社の強みを社会で活かす」ことの象徴的な活動ともいえる。

また、車イスから固定式の美容イスに移る時につらそうにされている患者様の様子を見て、「車イスに乗りながら調髪や洗髪などの施術を提供できないだろうか」という現場の声を受けて、美容福祉機器製作会社「ビューティフルライフ」が可動式理美容イスを開発し、当社の「病院内理美容サロン」全店舗への導入が実現した。製作会社の協力を得ながら、現場を基軸にＣＳＲの深化が進んでいる。

3 お客様を中心においたエコサイクル

不要となったウィッグを植林活動につなげるエコサイクルキャンペーン

この活動は、「古くなったウィッグを捨ててしまうと、焼却する時に何か有害物が出てしまうのではないですか」といったお客様の声に応えて始まったエコサイクルキャンペーンである。

レディメイドウィッグの多くはポリエステルでできているため、家庭ゴミとして焼却されると微量ながらCO_2が発生してしまう。そこで「古くなって不要となったウィッグを回収します」というＤＭをお客様にお送りし、古いウィッグを持ってこられたお客様の気持ちにお応えするために、そのお客様が新しいウィッグを購入された際にその売り上げの一部を植林に回すといった取り組みとなっている。もちろん回収したウィッグは、専門の廃棄物処理業者と契約をし、一般の焼却施設よりも厳しい基準の下で処理している。

また、CO_2の発生という負の要素を軽減するだけでなく、お客様の思いに応えて植林というプラスの要素を増やしていくといった、お客様を中心においたエコサイクルの仕組みが、社外の専門家から高い評価を得る結果となった。

こうしたエコサイクルキャンペーンへの社外からの高い評価を、店舗のチーフやスタッフに伝えたところ、その後、キャンペーンの売上が大幅に増加した。これは、自分の仕事が高く評価され、やりがいやプライドにつながったことが営業活動の上でどれだけ大事かということを端的に表している。

4 ウィッグの可能性を追求するエンターテイメントウィッグ

キャッツの日本初上演で担った大きな役割と新たな価値の創出

１９８３年に劇団四季によるミュージカル「キャッツ」の日本公演が初めて行なわれた。この公演に先立ち、アデランスはキャッツの舞台での動きに対応できるエンターテイメントウィッグの開発に取り組んだ。１９８０年当時には、自然な毛質を保ちながら結着部はしっかりとしていて、かつ使用する俳優のために通気性が優れたウィッグというものは世の中に存在していなかった。劇団四季と当社の共同プロジェクトによって、演出家や俳優たちの使用目的に合った舞台用エンターテイメントウィッグの開発に成功し、無事日本での初上演が実現した。「お悩みの解決」でスタートしたウィッグ開発技術が、エンターテイメントの世界でも大きな役割を担えた瞬間である。現在では、劇団四季の作品だけでなく、東宝ミュージカルや宝塚の舞台へと活動を広げ、多くの人気テレビ番組でも当社のエンターテイメントウィッグが使われている。

こうしたエンターテイメントウィッグの技術は、社内のヘアメイクアップ専門部門「スタジオＡＤ」によって提供されている。また、その高い技術力はフォンテーヌ商品を始め女性向けウィッグの開発にも活かされている。

最近では「病院内理美容サロン」の店長を集めて、抗がん剤治療の副作用で脱毛してしまった患者様に少しでも笑顔になっていただくためのメイクアップ講習を「スタジオＡＤ」のヘアメイクアップアーティストが実施している。抗がん剤治療の際には、髪の毛が抜けるだけでなく、眉毛やまつ毛も脱毛してしまう。メイクアップの専門家による講習は、患者様と直接対応している病院内理美容サロンの店長たちにとって、とても興味深く意義のあるものとなった。この活動は、「病院内理美容サロン」と「スタジオＡＤ」という2つの価値が融合し、新たな価値を創出した好例といえる。

5 CSRコラボレーションによる新たな広がり

他業種とのコラボレーションという「企業の社会的責任」の新たな形

病院内理美容サロンなどの活動を通じて、抗がん剤治療の副作用による脱毛で悩まれている患者様のお気持ちを知れば知るほど、ウィッグによる心理的負担の解消だけではなく、保険などによる経済的負担の解消もできないものか、との考えが社内でも深まっていた。そこで多くの保険会社の提供している「がん保険商品」を調べたところ、AIU損害保険株式会社だけが特約商品としてがん患者様の脱毛ケアとしてウィッグの購入費補償を明記していることが分かり、同社に当社のCSR活動のプレゼンテーションを行なった。このCSRからのアプローチによって、がん患者様のお気持ちに添うという共通の企業姿勢を確認することとなり、両社の業務提携の話し合いが始まった。

そして2014年3月に、両社経営トップによる業務提携の調印式が実現した。

また、CSRコミュニケーションによって、今まで出会うことのなかった違う業種の2つの企業が、患者様への経済的負担と心理的負担の解消をサポートするためにコラボレーションを図るという新しい事業提携の形を示すことができ、当社のCSR活動の業域が大きく広がることになった。「企業の社会的責任」を果たすためには1社の努力では活動に限界があり、同じ志を持った他の企業とコラボレーションすることで、社会に強い影響力を持ったＣＳＲの取り組みが実現した。まさに、患者様、ＡＩＵ損害保険株式会社、アデランスの現代版「三方よし」の例といえる。

現在では、他業種コラボレーションだけでなく、東日本大震災支援ボランティア団体「ワン・ワールド　プロジェクト」への「ウィッグお手入れ支援サービス」の提供など、ボランティア団体やＮＰＯ法人とのコラボレーションにも積極的に取り組んでいる。

6「世界中の人から好かれる会社」を目指して

当社の営業現場を活動の基軸とした「三方よしの実現を目指すアデランスの戦略的ＣＳＲ」について述べてきたが、当社は冒頭で触れたように売上の4割近くを海外で生み出すグローバル事業会社でもある。

前述した「病院内理美容サロン」は、福祉先進国であるスウェーデンで既に開設され、ＣＳＲを基盤とした日本生まれのビジネスモデルの海外進出が実現した。また、がん患者様に寄り添う理美容サロンとして米国フロリダ州政府からも高い評価を得ている。

ウィッグの毛材調達においては、ほとんどのオーダーメイドウィッグは人毛を使っており、中国からの人毛供給に依存している。当社では、将来起こりうる人毛の枯渇を想定し、無理な人毛調達を避けるため、1983年から人工毛髪の開発に取り組み、1990年に「サイバーヘア」の名称で商品化に成功した。当社が開発したサイバーヘアは、ヨーロッパの「モンディアル　コワフュール　ボーテ　2002」でイノベーション大賞を受賞し、当社のオーダーメイドウィッグの大半は自社開発した人工毛髪となった。これにより、無理な人毛調達をせずに安定したウィッグの提供を世界に向けて行なう基盤ができあがった。

また、当社は業界のリーダーとして毛髪関連研究を世界に発信するために、脱毛のメカニズムを探り、育毛のエビデンスやウィッグの補助治療的役割の明確化を目指して、大阪大学への寄附講座（板見智教授）や東京大学真田弘美教授チームとのスカルプケアサイエンス共同研究、大分大学北野正剛学長チームとの抗がん剤脱毛予防の共同研究にも積極的に取り組んでいる。

今後は、「三方よし」やCSVを包含した日本型の戦略的CSRを「笑顔」とともにグローバルに広げていくことによって、本業である毛髪事業に立脚しながら「世界中の人から好かれる会社」を目指していきたい。

（箕輪睦夫）

第12章　グローバル経済時代は新たな日本型経営で乗り切る

グローバル経済時代を主導した経済体制（新自由主義経済）の功罪を論じ、20世紀後半に世界第2の経済大国の原動力となった日本的経営の原点を解説した。これからは、日本型経営の原点を忘れず21世紀の時代に沿った「新たな日本型経営」の実践が必要である。「人に好かれる会社・大阪ガス」を目指した中興の祖～安田博と、地域の発展を目指す地場産業（団扇）ヤマダの創業者山田英和のそれぞれ経営理念・戦略を紹介する。

1 新自由主義・グローバル経済の功罪

日本経済はバブル経済が崩壊していて以来、「失われた20年（1992頃～2012頃）」と言われる不況期（デフレ）が続いたが、2013年12月に安倍政権が誕生し、アベノミクスがスタートして以来、経済の回復が期待されている。失われた20年の間、2008年に発生したリーマンショックがさらに日本経済の回復を遅らせた。リーマンショックの原因となったのは、新自由主義経済・グローバル経済の進展である。

1970年代からミルトン・フリードマン（シカゴ学派）等が中心となって唱えた学説で、戦後経済をけん引してきたケインズ経済の弱点を補う政策ともいわれている。先進国では飽和状態になりつつあった経済を減税、規制緩和等によりサプライサイド経済に転換させる政策で、1970年末からアメリカ経済を活性化させたレーガン大統領による「レーガノミクス」や、英国病を克服させたサッチャー首相による「サッチャリズム」がその典型といえる。

一例をあげれば、情報革命の主役である「インターネット」がある。1970年当時は米国国防省の軍事機密であったが「規制緩和」の結果、市場に開放され、PCの普及と相まって経済分野で応用され、今日の経済社会では必要不可欠なものなっている。また新たな投資手法であるディリバティブ等も開発され、ヘッジファンドや金融機関からの大型投資が行われた。

日本の場合、1985年NYで行われたプラザ合意を起点として株高・不動産高・債券高とも言われた「バブル経済」がスタートし、1989年には「物を作るより、金・不動産を動かしたほうが儲かる時代」とも言われた。過熱を恐れた日本政府はハードランディングで1990年初期に沈静化させたが、これが「失われた20年」の始まりである。一方、新自由主義経済は日本のバブル崩壊を横目にして進んでいった。

今日、この結果を調べてみると、先進国全体の経済成長率が1960年から80年迄の平均が3.2％だったのに対し、世界中が新自由主義の理念の下でグローバル化した1980年から2010年では、1.8％と半分近くに下落している。これは、規制なき自由貿易を進展させたことで経済が過度に複雑化（かつては一定のルールで経済のあり方を「ある枠組」に入れて安定を図ってきた）した結果、その歯止めが失われ、不安定性がコスト化したものである。リーマンショック等もコストの一部である。

企業には「短期的成果主義」という圧力がかかって、5年後、10年後を見た、設備投資・人材育成・リサーチ等の長期的経営を困難にしてしまった。他方、日本経済を取り巻く現状は「少子高齢化・需要低下・労働力不足」などによりパイの拡大は望めない。現状を守ろうとすれば海外展開〜グローバル経済対策は避けて通れない。バブル経済の崩壊から「失われた20年」の反省を経て、これからの日本企業には、近江商人の「商人哲学」を念頭にした「新たな日本型経営」の実践を通じた「強い企業」への脱皮が必要である。

日本型経営の盛衰とアベグレンの提言

アベグレンは、1968年に世界第2位の経済大国になった日本企業の「原点」は、①年功序列②終身雇用③企業内組合であり、これを「三種の神器」と称して日本企業を絶賛した。この「原点」を有する日本型経営は、70年代からの2度の石油ショックを乗り切り、企業競争力が高まった日本の経営は「先進国のモデル」とも言われた。

注目された特徴は「従業員と企業の一体感」である。企業と一体になったジャスト・イン・タイムシステムやカイゼン活動等が注目された。しかし、90年代のグローバル経済時代になるとグローバルスタンダードに合わせて経営改革をしなければ成功しないという主張が新自由主義者達から主張され、企業はバブル経済の崩壊とも連動して「日本型経営は間違いだった」の認識を持つようになる。年功序列賃金の見直し(成果主義)、終身雇用の見直し(リストラ)、労務費の固定費から変動費化(正社員から派遣社員)等の経営が行われた。

結果、日本型経営の原点である「従業員と企業の一体感」が失われていったのも事実であろう。しかし、前述の通り、先進国全体の経済成長もグローバル経済以前に比べ半分近くに下落しているのである。

アベグレンは「皆が同じ経営方式に従って同じように行動をするグローバル市場は存在しないし、皆が同じように行動をする市場は、企業にも消費者にも利益はない」また「日本企業が高品質の商品を提供できるのは、日本の制度や文化に支えられた多様性があるから消費者への選択肢も増える」と提言している。

彼は結論として日本型経営は「欧米より遅れてもいなければ、劣ってもいない。単に違うだけである」と喝破している。彼が言う「あらゆる制度や文化、多様性に対応して消費ニーズを発掘し、高品質商品を提供してきた～日本型経営」は、「ノコギリ商い」や「持ち下り商い」等を実践した近江商人道の「商人哲学」に、その原点が見える。

これからの日本型経営～新たな日本型経営に向けて

いわゆる「日本型経営」はアベグレンの指摘の通りだと思うが、実態はデフレ経済、グローバル経済、少子高齢化時代等を反映して「三種の神器」と言われる日本型経営は変化している。終身雇用・年功序列制度は従業員の結束を強める意味で効果的だった反面、「内向き組織」「自社の常識は社会の非常識」等の弊害も生んだ。

実力主義・成果主義は新しい潮流である。専門職へのホワイトカラー・エグゼンプション制度も検討に値するだろう。しかし「従業員と企業の一体化」が日本型経営成功の原点だった事を忘れてならない。企業の三要素は「人・物・金」であるが、その第一は「人」である。人を大切にしない企業は生き残る事ができない。従業員が幸せであるためには、まず利益が出ている会社でなければならない。次いで顧客を始め、ステークホルダーから支持され、何よりも「経営者と従業員の心が通い合った企業」でなければならない。1980年代以降、多くの経営手法が欧米から導入され、日本的経営の良き部分が失われていったが、経営者が従業員を大切にしない限り、従業員の「やる気あふれる企業文化」は生まれない。「やる気あふれる企業文化」の醸成が「新たな日本型経営」である。

次に、この「新たな日本型経営」を心掛けている「関西」と「四国」の2企業を次の項で紹介する。

2「人に好かれる会社・大阪ガス」を目指した中興の祖～安田博

大阪ガスの苦闘と安田博（1914～1981）

大阪ガスは現在こそ連結売上高1兆5100億円、経常利益1060億円、純利益417億円（2014年3月末）の大手企業に成長しているが、創業以来、戦後までは苦労の連続であった。戦後の高度成長期とも連動して今日の大阪ガスの発展の礎を築いた「中興の祖・安田博」の経営哲学を紹介する。

大阪ガスは1896（明治29）年資本金50万円で大阪市西区で創業を開始したが主力商品はガス灯向けガスであり、電燈との競合や資金面で厳しい経営を重ねてきた。1897年頃は日清戦争後の不況もあり資金不足も甚だしく導管の整備もできない状況で「倒産が近い」とも言われた。1902年大阪ガスが資本金を400万円に増資した際、米国のガス王と言われたアンソニー・ブレディが50％強を出資した。結果、大阪ガスの外資による支配は1925年に700万円で株式を買い戻すまで23年間続いた。

1944（昭和19）年に政府からの要請もあり近畿地区では大阪ガス、神戸ガス、京都ガス等19社が合併し大阪ガスとなったが、空襲による導管の破損や供給不良による対策等、苦労は絶えなかった。本格的な復興が始まるのは、安田博が入社した1945年からである。

安田博は1914年京都府綴喜郡八幡町（現八幡市）に生まれた。1937年大阪商科大学を卒業後、阪神電鉄に入社するが翌年国家総動員法施行により陸軍に入隊、1942年召集解除となり阪神電鉄に帰社するが、阪神電鉄時代の上司である西山磐（後に社長）の招請で翌1945年に大阪ガスに入社する。

1945年は戦後の混乱を迎えた時期であり、大阪ガスが創業から苦労を重ねた49年後でもあった。また多数の合併企業の集合体でもあり、人材育成を図り、一致団結した「やる気あふれる企業文化」を作る事が安田に課されたミッションだったのかもしれない。

安田博の経営理念と経営戦略

安田は1958年営業部長に就任すると大阪ガス初の営業方針を発表し、「営業部門に課せられたものはガスを売る事のみであり、このために我々は、我々自身を公益事業、独占事業らしさから、商人らしさに切り替える事が先決であり、我々は競争場裡にある燃料業界の一商人に徹しなければならない」と述べている。

また酒やコメが量り売りで売られているように、我々も「メーターを通してガスを量り売りする商人」であり、「商人たるものは、その頭脳を常に顧客の動向、思考の上に置かねばならない。商売の要諦は顧客の創造と把握にあり、商機における迅速な判断、失敗に挫けない粘りと敏捷さが最も必要であり、これらを貫くものは、信念と誠意である。」と宣言し、マーケティング戦略を実践していった。家庭用需要開発と業務・工業用需要開発組織を作っての販売活動は、それまでの大阪ガスの「営業」では考えられない戦略であった。圧巻なのは、松下幸之助翁をして「さすが」と言わしめた外部販売組織・サービスチェーン（ガス機器の販売から施工・アフターサービスまで行う）の設立である。松下幸之助翁の率いるナショナル販売店戦略から学び、忠誠心の高い販売組織を関西一帯に広げていった。1960年には「家庭用一戸当たりガス使用量」は全国一となり、以後長年続くことになる。1973年社長に就任するが「百術も一誠にしかず」を繰り返し従業員に訴え、「前垂れ商法の徹底」を指導した。「当社の社員がノロマやボンクラと言われても辛抱する。しかし、不誠実だ、嘘つきだと言われたら許せない」と訓示し、「この方針」を全従業員に徹底させている。

安田の更なる大仕事は、1975年から15年間にわたることになった石油ガスから天然ガスへの転換である。天然ガスは㎥あたり熱量が石油ガスの2倍以上ある。同じ導管を使用するとしても生産効率は倍増する。安田は「公益事業といえども利益を上げなくてはならない、努力して利益を上げ、生産性向上を図れば料金は長期的に安定する。それがお客様のサービスにつながる。」がモットーであった。社内では「風通しのよい会社」をめざした。キャッチフレーズは、①情報は上下左右のパスワークが肝要 ②立ち話でも1ページ分の伝達ができる ③本音で議論せよ～総論賛成・各論反対は許さぬ ④座して待つな～情報は取りに行き、食いついていけ、であった。

「人にも人格があるように会社にも社徳がある」と説き、「大阪ガスがやることなら安心だと言われるようになれ」と指導した。今日の大阪ガスは「お客さま価値」「株主さま価値」「従業員価値」「社会価値」という4つの価値で「価値創造の経営」を実践している。これからも、電力・ガスの規制緩和への対応・電力事業展開・海外事業展開等多くの経営課題が山積しているが、「安田の遺した経営理念」が今後の発展を後押ししていくであろう。

3 四国の地場産業～「うちわのヤマダ」

四国の代表的な地場産業としての「うちわ」

2014年11月に財務省が発表した国際収支速報では上期の貿易収支は4兆3974億

円の赤字だった。輸出は36兆1668億円（5.5％増）、輸入は40兆5641億円（6.7％増）である。原発稼働停止でLNG等の輸入増や企業の海外展開による「産業の空洞化」等が主な原因である。とは言え、資本投資をして海外に生産拠点を移転した企業が円安になったからと言って、簡単に撤退はできない。

空洞化を防ぐ経済戦略として「メイドイン・ジャパン」といわれる地場産業の活躍に期待したい。日本の地場産業といえば、「眼鏡の鯖江（福井）」「置薬の富山」「食器の燕（新潟）」等が有名であるが、「うちわの丸亀（香川）」も引けを取らない。丸亀のうちわ技術は1600年頃に確立されたが、1780年代に参勤交代で江戸へ出向いた丸亀京極藩士が豊前中津藩から「女竹丸柄うちわ」の技術を習い、藩も藩士の内職として奨励、江戸から帰国後藩士は「うちわ作り」に励み、次第に町民へと広がり、地場産業として成長していった。明治初期に「平柄うちわ」の製法を考案し、作業効率を高め、日本で圧倒的シュア獲得した。現在丸亀は「販促うちわ」を中心に全国で90％以上のシェアを持つ地場産業都市となった。

「うちわ」のトップ・メーカー～「ヤマダ」の誕生

㈱ヤマダは1945年に山田英和が創業した。地場産業都市である丸亀には多くの同業者が存在しており、競合状態であったが、山田英和は持ち前のアイディアと行動力で市場を開拓していった。戦後から高度成長期にかけての「待ちの営業から攻めの営業」への転換でである。具体的にはマーケティング理論で言う「顧客細分化・商品差別化戦略」である。「酒販売業界」「薬販売業界」「石油販売業界」「LPガス販売業界」といった業界の「キーポイント部門」を押さえ、そこを「業界流通経路」とし、「最適商品」を提供する販売方式である。山田英和の類い稀な「アイディア・行動力」と「従業員への思いやり」が「結束力＝拡販」となり、うちわ業界のトップ企業へと成長する。夏はうちわ、冬はカレンダーの2つの季節商品を「業界流通経路」を活用して販売していった。毎年行われた「海外慰安旅行」は良きコミュニケーションの場となり、従業員の結束を支えた。アベグレンが言う、日本型経営の原点である「従業員と企業の一体感」の実践である。これが山田英和の「経営理念・哲学」でもあった。

ヤマダの基礎を築いた創業者山田英和はヤマダの発展を確信して2013年に大往生を遂げる。

空洞化に負けないヤマダの経営戦略～内製化と国際化

現社長の山田毅は創業者英和の長男である。山田毅は1985年に社長に就任すると更に積極的な経営を展開していく。具体的には、①うちわとカレンダーの内製化　②ターゲット別商品・アイディア商品の開発　③外国人研修生の活用（国際化）である。

内製化では積極的・効率的な設備投資を実施、最新の印刷機・成型機・高速貼り機等の導入と技術者を養成した。「受注─企画─印刷─製品化（骨成型・貼り・加工）─配送」の一貫生産と外国人研修生制度等の活用により、大量生産・原価低減を可能とし、うちわ業界トップの座を不動とした。

注目される商品化計画ではＬＰ業界向けカレンダーである。山田毅のアイディアによる「快適生活カレンダー」や大阪ガスとの業務提携による「料理カレンダー」は、好評でＬＰ業界では80％強のシェアを確保している。アイディア商品「クーポン券付うちわ」は飲食業界等で好評である。①の内製化が品質管理・生産性向上＝顧客満足（ＣＳ）となり、②のアイディア商品等で「商品差別化─市場細分化」といったマーケティング戦略を実践し、③の外国人研修制度の活用は少子高齢化社会が避けられぬ「日本の国際化戦略」の実践である。産業の空洞化を防ぎ、国内生産を維持し、地域雇用を守る事は地場産業にとって「最大のＣＳＲ」である。今は中国からの研修生であるが、将来は東南アジア等幅広く迎えるかもしれない。

空洞化を防ぐ「メイドイン・ジャパン商品」を増やす為にも、日本の「地場産業」が強くなくてはならない。いつか、ヤマダが生産した「環境商品＝メイドイン・ジャパン」が、エネルギーを大量に消費する途上国に輸出され、地球温暖化防止の一助となれることを期待している。

（剣持　浩）

第13章

「近江商人」と総合商社
～21世紀の琵琶湖の鮎、大手5商社に焦点を当てて～

信長譲りの抜群の経営感覚で会津百万石にまで事業を拡大させることに成功した近江商人の一人、蒲生氏郷。天秤棒の行商人のように全国各地に商いの花を咲かせた氏郷はまさに「外に出て大きくなる琵琶湖のアユ」＝近江商人の原型であるが（童門冬二著　２０１２年）、21世紀の現代、「外に出て大きくなる琵琶湖のアユ」の良き事例は日本に特有の「総合商社」である。総合商社は外に出ることで多くのことを学び、チャレンジし、成長してきた歴史である。本章では近江出身の伊藤忠商事、丸紅二社に加え、三菱商事、三井物産、住友商事を含む大手総合商社５社に焦点を当てて考察する。

1　21世紀、総合商社の役割・機能

21世紀初頭以降、事業の拡大、取組みに考察される通り、総合商社の事業は大きく拡大、進化している。1980年代以降21世紀初頭にかけて大手5商社の計上純利益はいずれも数百億円であったが、21世紀初頭以降、10年にわたり、数千億円台の純利益を計上し、大きな業績改善を実現している。業績改善の最も大きな原動力は伝統的な輸出入取引を維持する傍ら、資源、非資源分野におけるグローバル事業の創出、投資を含む事業の展開を通じて社会的価値の創造である。

自動車業界、電機業界をはじめ、多くの企業がM&Aをはじめ、事業の多角化に取り組んでいるが、「総合商社」が取り組んでいる事業領域は他業界に比べさらに広範囲かつ多様であり事業を支える機能も多岐にわたっている。総合商社から総合事業会社化へと事業領域の拡大と更なる多様化が考察される総合商社について戸堂はつぎの八つの機能を挙げている。（戸堂　2014）

①商取引機能（国内、輸出入、外国間取引）、②金融機能、③ロジステック機能、④情報収集・調査・分析機能、⑤事業開発・経営機能、⑥リスクマネジメント機能、⑦オルガナイザー機能、⑧市場開拓機能

上述した総合商社の機能に加えイノベーション（革新）、エボリューション（進化）を支える取組みの一つとして研究所の立ち上げがある。

三菱商事／本社内部組織、三井物産／㈱三井物産戦略研究所、住友商事／住友商事総合研究所（2004年4月設立）↓住友商事グローバルリサーチ株式会社に社名変更（2014年4月）、伊藤忠商事／経済研究所、丸紅／経済研究所

上記大手5商社が設置している研究所の意義は極めて大きく、参考までに住友商事グローバルリサーチ株式会社の概要を以下紹介しておきたいと思う。

住友商事グローバルリサーチ株式会社

業務内容／①マクロ経済分析：世界経済、日本経済、世界貿易に関するマクロ情報並びに住友商事グループ等からのミクロ情報を基に外的環境の分析・予測、②業界分析：個別の業界についてのその現状・将来性の分析、③商品市況分析：国際商品市況やマーケットの動向，見通しを分析、④国際情勢分析：各国の政治・国際情勢を分析、⑤新技術企画：内外の新技術動向や技術に係わる新事業動向の調査・分析・予測

傍ら、住友商事においては自動車産業をコア事業の一つと位置付けしている。自動車事業本部は部品の開発・製造から完成車の小売・金融まで幅広く自動車事業に投資し、ハンズオン（実践的）経営を行うことで自動車業界固有の知識・経験・ネットワークを蓄積しておりそれをベースに、アジア初の Global Consulting Firm のアビーム　コンサルティングと2社で

業界専門の戦略Consulting Service専門研究組織、「住商アビーム自動車総合研究所」を2003年に設立して取り組んでいる。

住友商事が設立した二つの研究所は今後の総合商社の機能強化、事業リスクをミニマイズすると同時に事業創出、取り組みに当たり最も適切な判断、対応が可能となる礎であり、こうした研究組織は取り組んでいる主要事業分野で設置することが望ましい。例えば石油、天然ガス、石炭、鉄鉱石等資源分野、金属、機械、化学品、電力事業を含む環境・インフラ事業、食料・建設不動産等生活関連事業、情報他での専門性の高度化である。

周知の通り、5商社は社会が必要とする商品、サービス、インフラ等ほぼあらゆる分野で多くのパートナーと組み、グローバルに事業を展開し、新たな価値を社会に提供しているが、良き事例の一つに「海外工業団地」事業がある。海外工業団地事業では電力等ハードのインフラが整備された工業団地を提供するのみならず、会社設立から従業員の採用、原材料の調達サポートや物流サービスを提供するなど、「ハードとソフトのインフラを備えた工業団地」として入居企業の海外進出をフルサポートするのみならず、工業団地展開国における雇用、人材育成、製品の輸出への貢献等CSR経営の実践である。事例として住友商事が展開しているタンロンインダストリアルパーク（ベトナム）ではキヤノン、パナソニック、デンソー、住友重機械工業、三菱重工業他入居企業数は100社（うち日系企業94社）にのぼり、総従業員数は約5・8万人（2014年3月現在）、年間輸出総額（2013年度）29億米ドル

〔ベトナム全体の2.3%〕となっており、同社が展開しているフィリッピン、ミャンマー、インドネシア等での工業団地もそうした社会的意義のある展開がなされている。

2 大手5商社の経営理念

筆者は企業の持続的成長を担保する経営要素を七つの〝C〟で捉えている。紙面の関係で詳細は記述出来ないが、ポイントだけ挙げておくと下記である。

Credo（信条、理念、使命）
CEO　Chief Executive Officer（経営責任者の資質、役割、責任）
Corporate Culture（企業文化、企業風土）
Corporate Governance（コーポレート・ガバナンス）
Compliance（法令順守）
CSR　Corporate Social Responsibility（企業の社会に対する責任）
Industry's Culture and Business Practices（業界風土と取引慣行）

上述した経営要素は相互に補強、補完することを通じて企業の持続的成長の原動力となっているが、企業経営の根幹は経営理念であり、以下5商社が掲げる経営理念を紹介しておきたいと思う。

三菱商事：三綱領

＊所期奉公　事業を通じ、物心共に豊かな社会の実現に努力すると同時にかけがえのない地球環境の維持にも貢献する。

＊処事光明　公明正大で品格のある行動を旨とし、活動の公開性、透明性を堅持する。

＊立業貿易　全世界的、宇宙的視野に立脚した事業展開を図る。

（「三綱領」は、三菱四代社長、岩崎小弥太の訓諭をもとに、１９３４年に旧三菱商事の行動指針として制定された。旧三菱商事は１９４７年に解散したが、現在の三菱商事においてこの三綱領は企業理念となり、その精神は役職員の心の中に息づいている。

（注：上記三綱領は２００１年1月、三菱グループ各社で構成される三菱金曜会にて申し合わされた現代解釈）

三井物産：ＭＶＶ（Mission, Vision, Values）

Mission　三井物産の企業使命

大切な地球とそこに住む人びとの夢溢れる未来作りに貢献します。

Vision　三井物産の目指す姿

世界中のお客様のニーズに応える「グローバル総合力企業」を目指します。

Values　三井物産の価値観、行動指針

＊Fairであること、「謙虚であること」を常として、社会の信頼に誠実に真摯に応えます。
＊志を高く、目線を正しく、世の中の役に立つ仕事を追求します。
＊常に新しい分野に挑戦し、時代のさきがけとなる事業をダイナミックに創造します。
＊「自由闊達」の風土を活かし、会社と個人の能力を最大限に発揮します。
＊自己研鑽と自己実現を通じて、創造力とバランス感覚溢れる人材を育成します。

住友商事：住友商事グループの経営理念・行動指針

住友商事は1600年に制定された住友の事業精神「文殊院旨意書」を継承して1882年に制定された「住友家法」、続いて1891年に「住友家法」は家法〈企業のルール〉と家憲〈家長の心得〉に分割され、所有と経営の分離を明確化しているがその際、企業理念に「信用を重んじ」という内容を加えて「営業の要旨」とし、これを家法の冒頭に掲げた。以下に紹介する住友商事グループの経営理念は上記の住友精神を基盤としている。

2000年　住友商事グループの経営理念・行動指針
＊目指すべき企業像
私たちは、常に変化を先取りして新たな価値を創造し、広く社会に貢献するグローバルな企業グループを目指します。
＊経営理念

・企業使命：健全な事業活動を通じて豊かさと夢を実現する。
・経営姿勢：人間尊重を基本とし、信用を重んじ確実を旨とする。
・企業文化：活力に溢れ、革新を生み出す企業風土を醸成する。
＊行動指針
・住友の事業精神のもと、経営理念に従い、誠実に行動する。
・法と規則を守り、高潔な倫理を保持する。
・透明性を重視し、情報開示を積極的に行う。
・地球環境の保全に十分配慮する。
・良き企業市民として社会に貢献する。
・明確な目標を掲げ、情熱をもって実行する。

伊藤忠商事：ITOCHU Mission 伊藤忠商事と丸紅は初代伊藤忠兵衛をはじめとする近江商人が掲げた「三方　よし」を継承し、創業から１５０年を超える現在、次のような理念を掲げて事業に取り組んでいる。

Committed to the Global Good.　豊かさを担う責任
伊藤忠グループは個人と社会を大切にし、未来に向かって豊かさを担う責任を果たしていきます。
ITOCHU Values　先見性 Visionary　誠実 Integrity　多様性 Diversity　情熱 Passion　挑戦 Challenge

丸紅：丸紅スピリット

大きな志で未来を築け、挑戦者たれ、自由闊達の議論を尽くせ、困難を強かに突破せよ、常に迷わず正義を貫け

3 「商社不要論」、「商社　冬の時代」

輸出入取引を主体としていた時代の総合商社は手数料ベースの商いであり、多くの商取引で与信リスクを担いながらも利益率の低い取引に終始していた。

そうした背景があって、利益を重視する経営の質よりも、〝The bigger, the better〟に象徴される売上高拡大を業績向上の目標とする経営に取り組んでいたのが20世紀末までの総合商社の取組みである。総合商社各社が直面してきた苦悩の歴史は下記の通りである。

１９７０年代：商社不要論・無用論（背景の一つに商社による買い占め、売り惜しみに対する批判がある。）１９８０年代：商社冬の時代（背景にメーカーの海外取引経験の蓄積、海外取引に伴う人材育成、Distributor, Dealer のネットワーク構築がある。）１９９０年代～２０００年代：商社崩壊論、平成の危機論（背景に日本のバブル経済の崩壊、日本企業が直面した日本経済の空洞化、高い法人税率、円高等六重苦）

2000年代初頭より大手5商社に考察される画期的な経営の質向上が考察される。商社崩壊の危機に直面し、ニチメン、トーメン等関西5綿に代表される大手商社の合併、大手5商社による事業創出、事業投資拡大に考察される経営の抜本的改革取組みである。

5商社いずれも旺盛なチャレンジ精神を根幹において新しいグローバル時代の経営に取り組んできた十年である。まさに「逆境は飛躍のチャンス」である。

総合商社はバブル経済崩壊の危機を乗り越えるために1990年代後半以降、輸出入取引を継続しながら、価値創造＝強固なる利益構造の有り様に取り組んできた。一言で言えば総合商社が有するグローバル人材、グローバル　ネットワーク、情報、資金力等あらゆる経営資源を最大限活かし「事業創造」、「事業展開」である。

そうした歩みを通じて考察される最も大きな変化は利益に考察されるトレードの比率の低下である。トレードの比率低下、事業利益の増加が5社の利益の大幅改善の背景にある。トレードの利益率は低く、トレード主体のビジネス展開時代は上述した〝the bigger, the better〟に象徴されるとおり、売上高拡大経営の時代であったが、1990年代以降の事業取組みでは収益性が高いか、将来性があるかなどを分析して事業の選択と集中に取り組んで来ている。傍ら、総合商社の持つ事業基盤と多様な機能を戦略的かつ有機的に統合する「総合力」を最大限生かして事業に取り組み、投資効果、リスク・リターンの経営に移っていった経営革新が考察される。

4　21世紀、5商社の課題

トレードの維持

売上高、利益に占めるトレードの比率が大幅に下がり、代わって事業創出、事業投資、事業経営への転換を通じて収益力は強化されているがトレードは引き続き総合商社の「総合力」を維持強化するためには極めて重要なアセットである。トレードを通じてグローバルネットワークの維持強化、パートナーとの相互信頼、更にはグローバル人材育成に重要なアセットであり、総合力維持・強化には欠かせない。

ダイバーシティ経営＝経営の多様性

意思決定ボードにおける女性の育成、登用が欧米企業をはじめ日本企業においても重要な課題となっているが、女性登用の面では総合商社においても後進的で21世紀の重要な課題である。傍ら、海外国籍の人材の採用、育成、登用である。ダイバーシティはイノベーション

（経営革新、進化）の原動力であり、持続的成長を確かなものとする為に根幹の課題である。

傍ら、ＴＰＰ（環太平洋経済連携協定）締結に向けて日米、ＡＳＥＡＮ各国、オーストラリア、ニュージランドが取り組んでおり、協定が締結された場合、世界人口に占める構成比は11・4％、世界経済に占める構成比は38・4％である。日本のＴＰＰへの参加は27兆米ドルのＧＤＰを生み出し、世界の三分の一に相当する貿易量を有する市場を創出することになる。（出所：日本貿易振興機構・海外調査部　２０１４年4月、農林水産省　平成26年1月）。更なるグローバル経済拡大により企業が取り組む事業は法規制、会計基準、資本調達、人材確保、情報等グローバル経営を更に進化させる新しい時代を迎える。グローバル潮流は新しい事業機会であり、そのためにはなによりも海外国籍の優れた人材を営業等事業に関わる人材確保に加えて、人事部、広報部、法務部等における本社組織での配属、人材育成が重要な課題である。

傍ら、共に事業に取り組む海外国籍の人材と経営理念、ミッション＝使命、ビジョン、価値観（ＭＶＶ）の共有、浸透の取り組み強化である。更に研修を通じてコンプライアンス＝法令順守、企業行動憲章のグローバルな浸透である。不祥事は倫理・道徳上、絶対になしてはいけない行為だが、傍ら、企業にとって最大のリスクであり、新興国、先進国を問わず、管理職を含む従業員に徹底した教育が求められている。


（西藤　輝）

終章
「人に好かれる会社」をめざす実践チェックリスト

終章として、『「人に好かれる会社」をめざす実践チェックリスト40』を提案する。チェック内容は、経営理念・ミッションとISO 26000の7つの中核主題である、組織統治、人権・労働、環境、消費者・取引先、公正な取引慣行、コミュニテイーについての40項目である。このチェックにより、自社の姿が総合的に把握できる。

最後に、「人に好かれる会社」の経営者が持つ特徴を「経営トップのリーダーシップ10か条」としてまとめた。

1「人に好かれる会社」とは何か

「人に好かれる会社」の特徴

「人に好かれる会社」は、「三方よし」を基軸にした、「みんなよし」の会社である。その特徴は、次の通りである。

第1に、社員が働く喜びを感じ、誇りをもち、好きだといえる会社。
第2に、良い製品やサービスを提供できる会社。
第3に、お客さまや地域の人たちに喜ばれる会社。
第4に、経営理念が、関係者全員に共感されている会社。
第5に、持続可能性(持続的発展)が期待できる会社。

「みんなよし」の会社

「人に好かれる会社」は、「みんなよし」の会社である。「みんなよし」とは、利害関係者、すなわち多面的なステークホルダーと良好な関係にあり、互いに信頼されている会社と言える。
具体的にみると、社員、お客様・消費者、取引先(メーカー、商業者、サービス業者、仕入先等)、株主・投資家、地域の人々、コミュニティー、行政、マスコミ、地球環境などと、ウイン・ウインの関係になることである。

このような会社では、「企業は社会の公器」との理念が引き継がれ、多くの人たちに支えられて会社は繁栄する。正に、経営理念と持続可能性が表裏一体となって運営されている。

2 「人に好かれる会社」をめざす実践チェックリスト40

チェックの方法

「人に好かれる会社」をめざす実践チェックリスト40の質問について、次の通り判断して□の中に記入する。

「はい」○：その通りである。

「いいえ」×：そうではない。

「どちらともいえない」△：まだ不十分である。

さらに別紙に、次のように実情をまとめると実践面で役に立つ。

「はい」の場合は、その実情を要約して記載する。実績の証拠を添付する。

「いいえ」の場合は、今後の実行計画を立案して記載する。

「どちらともいえない」の場合は、今後の改善策を具体的に記載する。

【「人に好かれる会社」をめざす実践チェックリスト40】

経営理念・ミッション

□ 創業の精神、企業使命、経営理念等が社内に明確に表明され、周知徹底されているか?

□ 企業の社会的責任を遂行することが、明確に表明されているか?

□ 地球環境保護に対する取り組みが、明示されているか?

□ ステークホルダーに対し、バランスと調和のある配慮がなされているか?

□ 社員が経営理念・ミッションなどに誇り持ち、働く喜びを感じているか?

組織統治(コンプライアンス、コーポレート・ガバナンス)

□ コーポレート・ガバナンスを徹底し、法令に基づき適正に運営しているか?

□ 株主総会・取締役会等は、法令に基づき適正に運営され、議事録等が作成・保管されているか?

□ 行動基準等が制定され、周知徹底されているか?

□ 企業倫理(コンプライアンス)が、経営戦略として重要であることが明示されているか?

□ 業界慣行や商慣行に流されず、行動基準を遵守する方針が明示されているか?

□ 企業倫理担当役員、企業倫理担当責任者が、正式に任命されているか?

□ 企業倫理担当部署が設置され、役割が明示されているか?

□ 教育・研修等トレーニング・プログラムが、作成され実施されているか?

□ 質問・相談、緊急報告等のための特別な内部通報ラインが、設置され機能しているか?

□ 企業倫理委員会が設置され、適正に運営されているか？

□ 業務監査、会計監査に加えて、倫理監査が実施されているか？

□ 企業倫理実践状況について、実情調査が行われているか？

□ 行動基準を外部に公表しているか？

人権・労働

□ 人権尊重を基本原理として認識し、人々の多様性や女性の活躍等を推進しているか？

□ 企業活動に際し、差別やハラスメントが行われないよう配慮しているか？

□ 万一、人権侵害などが発生した場合には、迅速に対応する仕組みができているか？

□ 社員の安全衛生に配慮して、働きやすい職場環境を整備しているか？

□ 男性社員、女性社員がそれぞれ十分能力を発揮できるよう、人材育成や教育・研修を実施しているか？

□ 役員と社員とのコミュニケーションが円滑に行われ、社員のモチベーションの向上に寄与しているか？

□ 人材採用は、公正に行われ個人の倫理観などに十分配慮しているか？

環境

□ 地球温暖化対策として、省ネネルギー、リサイクルなどに積極的に取り組んでいるか？

□ 環境保全や環境汚染防止を、企業活動に組み入れ実践しているか？

□ 企業活動が、自然環境や生物多様性へ与える影響を認識し、配慮しているか？

消費者・取引先

□ お客様・消費者の安全を最優先に考え、良い製品・商品とサービスを提供しているか？

□ お客様・消費者が、良い製品・商品とサービスを正しく理解できるよう情報を提供し説明しているか?

□ 取引先を対等のパートナーとして、公平・公正を基本に適正に取引が行われているか?

□ 顧客情報や取引先情報を、適正に管理し、定期的にチェックしているか?

公正な取引慣行

□ 公務員に対しては、社会の常識の範囲内で、透明性のある関係を維持しているか?

□ 政治家とは、透明性の高い関係を維持し、寄付等について社内ルールで適正に対応しているか?

□ 反社会的勢力との関係では、毅然とした態度で組織的に対応しているか?

□ 海外との取引では、贈収賄、汚職等の禁止ルールに留意して対応しているか?

コミュニティー

□ 地域社会の一員として、適正に企業活動を行うとともに、課題解決にも取り組んでいるか？

□ 地域の歴史、文化、特性などを尊重し、地域行事などにも積極的に参加しているか？

□ 災害発生時に地域社会の一員として、具体的な対応策を実施する仕組みを決めているか？

□ 企業不祥事が発生した場合には、社会へ情報を迅速に公開し説明できる仕組みになっているか？

3　経営トップのリーダーシップ10か条（経営者の姿勢）

「人に好かれる会社」の経営者を見ると、次の10か条が、それぞれの人柄らと一体となって実行され、社会の信頼を得ている。

【経営トップのリーダーシップ10か条】

第1　経営トップは、経営理念、具体的な経営方針、メッセージ（コミットメント）を明確に宣言する。これを、自分の言葉で熱き思いをもって語り続けている。

第2　経営理念を踏まえて、企業倫理（コンプライアンス）の基軸となる「行動基準」を策定し、社会へ公表する。そのうえで、多面的なステークホルダーに自信と誇りをもって説明責任を果たす。

第3　経営トップは、企業の社会的責任を果たし、社会の持続的な発展に貢献するために社会からの信頼を維持し、向上させるよう全力を傾注する。

第4　お客様・消費者、社員、取引先など重要なステークホルダーへの対応を基本として、企業内外とのコミュニケーション（情報の収集・伝達・開示や広報）の促進と強化を図る。

第5　組織内の情報の収集・伝達・開示や、〝報告・連絡・相談〟は十分かどうか、チェックし経営トップとして適切に指示する。

第6　企業倫理意識を徹底し定着させるため、自らが率先して行動し実践するとともに、組織体制を確立するようリーダーシップを発揮する。

第7　遵守体制としては、行動基準等の制定と周知徹底、企業倫理担当役員・責任者の指名、教育・研修プログラムの作成と実施、倫理ヘルプラインの設置と円滑な運営について的確に指示する。

第8　フォローアップ体制としては、倫理委員会の設置と機能的運営、倫理意識調査の実施、倫理監査・モニタリングの実施、社内の意識調査の実施、再発防止策の確立、罰則規定と倫理違反への懲罰処分の実施などを的確に指示する。

第9　経営トップとして、役員や社員の業績評価に企業倫理（コンプライアンス）業績を組み込み、その結果を的確にフィードバックする。

第10　経営トップは、企業は社会の持続的な発展に貢献するために活動し、一人ひとりが、充実した人生を過ごせるような企業文化を維持できるようリーダーシップを発揮していく。

（田中宏司）

参考文献

1章

・ヘンリー・フォード著、竹村健一訳『藁のハンドル』中公文庫、2002年

・総務省『情報通信白書平成26年版』、2014年

・田中宏司・水尾順一編『人にやさしい会社』白桃書房、2013年

・内閣府『平成26年版高齢社会白書』、2014年

・水尾順一他編著『やさしいCSRイニシアチブ』日本規格協会、2007年

2章

・三谷宏治「深さの経済による顧客生涯価値の追求」ダイヤモンド・ハーバード・ビジネス、1999年6—7月号

・サンライズ出版編『近江商人に学ぶ』サンライズ出版、2012年

・日本規格協会編著『CSR企業の社会的責任—事例による企業活動最前線』日本規格協会、2004年

・行方一正「H・I・S」関西大学社会安全学部BERC寄付講座特別講義資料、2014年

3章

・近江商人博物館展示案内『近江商人物語』五個荘町教育委員会、1997年

・近江商人博物館編『ある近江商人の妻—塚本さとの生涯』近江商人博物館、1997年

・小倉栄一郎著『近江商人の金言名句』中央経済社、1990年

・滋賀県立琵琶湖文化館編『近江商人の妻たち』滋賀県立琵琶湖文化館、1993年

4章
・森建司著『中小企業にしかできない持続可能型社会の企業経営』サンライズ出版、2008年
・新江州㈱循環型社会システム研究所M・O・H通信編集局「M・O・H通信」
・郡嶌孝監修・監訳『エコサイクルと生命が生まれる環境』ボルボ・カーズ・ジャパン、1997年
・末永國紀著『近江商人学入門』サンライズ出版、2004年
・上村雅洋著『近江商人の経営史』清文堂出版、2000年
・朴 弥怜「事業推進に向けた近江商人の社会的活動―近江日野商人中井源左衛門家の事例―」「公共経営研究」所収、早稲田大学、2014年
・木村至宏責任編集『図説 滋賀県の歴史』河出書房新社、1987年
・石島庸男・梅村佳代編『日本民衆教育史』梓出版、1996年
・環境省『平成26年版環境白書』2014年
・滋賀大学経済学部ホームページ、2014年10月参照
・アサヒビール㈱ホームページ、2014年11月参照

5章
・末永國紀著『近江商人学入門』サンライズ出版、2004年
・司馬遼太郎著『近江散歩、奈良散歩』朝日新聞社、2005年

・平田雅彦著『江戸商人の思想』日経ＢＰ社、２０１０年
・ピーター・ドラッカー著『マネジメント（上）』ダイヤモンド社、２００８年

6章

・Ｒ・Ｅ・フリーマン／Ｊ・Ｓ・ハリソン／Ａ・Ｃ・ウィックス『利害関係者志向の経営』白桃書房、２０１０年
・黒川保美・赤羽新太郎編著『ＣＳＲグランド戦略』白桃書房、２００９年
・末永國紀著『近江商人学入門』サンライズ出版、２００４年
・田中信弘・木村有里編著『ストーリーで学ぶマネジメント』文眞堂、２０１２年
・宮坂純一著『道徳的主体としての現代企業』晃洋書房、２００９年
・安田重明・藤田貞一郎・石川健次郎著『近江商人の経営遺産』同文館、１９９２年
・ＴＦＭＳ（Tesco Food Manufacturing Standard）（http://www.pestsolutions.co.uk/pest-control-services/industry-specific-pest-control/pest-control-for-the-food-industry/tesco-food-manufacturing-standard-tfms）

7章

・Freeman.R.E.（1984）〝Strategic Management：A Stakeholder Approach〟Cambridge University Press
・Porter,M.E.& M.R.Kramer（2011）〝Creating Shared Value：How to reinvent capitalism-and unleash a wave of innovation and growth〟in Harvard Business Review, Jan.-Feb. 2011
・上村雅洋『近江商人の経営史』清文堂出版、２０００年

・小倉栄一郎著『近江商人の経営』サンブライト出版、１９８８年
・河口真理子「財務数字だけでは測れない、本当の良い企業とは」『ＣＳＲ企業価値をどう高めるか』日本経済新聞社、２００４年
・菅野和太郎著『近江商人の研究』有斐閣、１９４１年（複版１９７２年）
・経済同友会編『第15回企業白書「市場の進化」と社会的責任経営』２００３年
・三方よし研究所編『Ｑ＆Ａでわかる近江商人』サンライズ出版、２０１０年
・末永國紀著『近江商人　近代を生き抜くビジネスの指針』中公新書、２０００年
・谷本寛治著『日本企業のＣＳＲ経営』千倉書房、２０１４年

8章

・European Commission (2011) A renewed EU strategy 2011-14 for Corporate Social Responsibility, COM (2011) 681 final.
・ＧＲＩ（Global Reporting Initiative）『Ｇ４サステナビリティ・レポーティング・ガイドライン』２０１３年５月
・国際統合報告評議会（International Integrated Reporting Council：IIRC）『統合報告フレームワーク』２０１３年12月（訳２０１４年３月）
・ＩＳＯ国内委員会監修・日本規格協会編『ＩＳＯ２６０００：２０１０―社会的責任に関する手引き』日本規格協会、２０１１年

・ＩＳＯ／ＳＲ国内委員会編『やさしい社会的責任―ＩＳＯ　２６０００と中小企業の実例〈解説編〉〈事例編〉』２０１０年
・笹谷秀光著『ＣＳＲ新時代の競争戦略―ＩＳＯ２６０００活用術』日本評論社、２０１３年
・佐久間信夫・田中信弘編『現代ＣＳＲ経営要論』創成社、２０１１年
・馬田啓一編『国際関係の論点―グローバル・ガバナンスの視点から』文眞堂、２０１４年

9章

・水上　武彦著「ＣＳＶ経営」エヌティティ出版、２０１３年
・キリングループ　サステナビリティレポート２０１４年
・キリングループ東日本大震災被災地支援活動
・東京財団編「ＣＳＲ研究プロジェクト」２０１４年

10章

・『社会的責任に関する手引』ＪＩＳＺ２６０００：２０１２（ＩＳＯ２６０００：２０１０）、平成24年3月21日、日本工業標準調査会審議、日本規格協会発行（本文では、単にＩＳＯ２６０００と記載）
・阿部治・川嶋直共編著『次世代ＣＳＲとＥＳＤ企業のためのサステナビリティ教育』ぎょうせい、２０１１年
・赤池学、水上武彦著『ＣＳＶ経営―社会的課題の解決と事業を両立する』ＮＴＴ出版、２０１３年
・伊藤園ホームページ〈http://www.itoen.co.jp/csr/〉

・小倉栄一郎著『近江商人家訓選集　近江商人の理念』サンライズ出版、２００３年
・笹谷秀光著『ＣＳＲ新時代の競争戦略　―ＩＳＯ２６０００活用術―』日本評論社、２０１３年
・西井麻美、藤倉まなみ、大江ひろ子、西井寿里著『持続可能な開発のための教育（ＥＳＤ）の理論と実践』ミネルヴァ書房、２０１２年
・マイケル・ポーター、マーク・クラマー「共通価値の戦略」、『ＤＩＡＭＯＮＤハーバード・ビジネス・レビュー』ダイヤモンド社、２０１１年6月号
・Porter, M.E. and Kramer, M.R. (2006) "Strategy and Society: The Link Between Competitive Advantage and Corporate Social Responsibility," Harvard Business Review, December 2006, pp.78-92.
・Porter, M.E. and Kramer, M.R. (2011) "Creating Shared Value," Harvard Business Review, Jan/Feb 2011, Vol.89 Issue 1/2, pp.62-77.

11章
・水尾順一著『マーケティング倫理』中央経済社、２０００年
・田中宏司著『ＣＳＲの基礎知識』日本規格協会、２００５年
・サンライズ出版編『近江商人に学ぶ』サンライズ出版、２０１２年

12章
・日本経営倫理学会・理念哲学研究会「新世紀〈経営の心〉16人の先達」英治出版、２００１年
・平田雅彦著『経営倫理とは何か』ＰＨＰ研究所、２００５年

・弦間明、小林俊治、日本取締役協会『江戸に学ぶ企業倫理』生産性出版、2006年
・福留民夫著『日本企業の経営倫理』明光社、2000年
・エマニュエル・ドット他4名共著『グローバリズムという妖怪』文芸春秋、2014年2月号
・加護野忠男著『アベグレン氏と日本の経営』日経新聞、2007年
・『大阪ガス100年史』大阪ガス、2007年
・『追想　安田博』大阪ガス、1982年
・『うちわの港ミュージアム諸資料』丸亀市産業振興課、2014年
・サンライズ出版編『近江商人に学ぶ』サンライズ出版、2012年

13章
・岩谷昌樹、谷川達夫著「総合商社」税務経営協会、2006年
・榎本俊一著『総合商社論』中央経済社、2012年
・小倉栄一郎著『近江商人の理念』サンライズ出版、2012年
・久保巌著『住友商事』川下事業大作戦、講談社、1989年
・田中隆之著「総合商社の研究」、その源流、成立、展開　東洋経新報社、2012年
・津田　久著「私の住友昭和史」東洋経済社、1988年
・戸堂康之監修、日本貿易会特別研究会著『日本の成長戦略と商社』東洋経済社、2014年
・童門冬二著『近江商人のビジネス哲学』サンライズ出版、2012年

・平田雅彦著『江戸商人の思想』日経ＢＰ社、２０１０年
・三菱商事株式会社〈編〉『新・現代総合商社論』早稲田大学出版部、２０１３年
・伊藤忠商事、住友商事、丸紅、三井物産、三菱商事　各社アニュアルレポート２０１３

終章

・田中宏司著『コンプライアンス経営［新版］』生産性出版、２００５年
・経営倫理実践研究センター・日本経営倫理学会ＣＳＲ研究部会編『ビジネスマンのための　ＣＳＲハンドブック』ＰＨＰ研究所、２００９年
・高橋浩夫編著『トップ・マネイジメントの経営倫理』白桃書房、２００９年

箕輪　睦夫（みのわ　むつお）第 11 章

現在、株式会社アデランス CSR 推進室部長、日本経営倫理学会員、異文化経営学会員。

【主要論文】「顧客主導時代における顧客満足とは」中国生産性本部　1997 年講演録、「アデランスの事業と一体となった戦略的 CSR 活動」経営倫理№ 76　経営倫理実践研究センター　2014 年。

剣持　浩（けんもち　ひろし）第 12 章

現在、KEN マネジメント・インスティチュート代表（中小企業診断士）日本経営倫理学会常任理事、神戸学院大学非常勤講師、経営実践研究センター主任研究員、JICA 専門員、HID 講師、中小企業支援アドバイザー。大阪ガスを経て、追手門学院大学・京都文教短期大学で教鞭の後現職。

【主要著書】『経営倫理用語辞典』日本経営倫理学会編　白桃書房

西藤　輝（さいとう　あきら）第 13 章

現在、中央大学経済研究所客員研究員、日本経営倫理学会常任理事、米国経営倫理学会会員。2003 年、中央大学大学院総合政策研究科博士課程中退、元住友商事株式会社理事、元中央大学大学院総合政策研究科客員教授。

【主要著書】『日本型ハイブリッド経営』中央経済社、『経営戦略』中央経済社、『経営革新』中央大学出版部、その他多数

ンシングの経営管理・経営戦略と生産システム』文眞堂（分担執筆）、『経営品質科学の研究』中央経済社（分担執筆）

荻野博司（おぎの　ひろし）第７章

現在、東洋学園大学グローバル・コミュニケーション学部教授、多摩大学客員教授、日本コーポレート・ガバナンス・ネットワーク理事。1975年一橋大学法学部卒業。朝日新聞社論説副主幹などを経て、現職。2014年から苫小牧埠頭社外監査役。

【主要著書】『問われる経営者』中央経済社、『コーポレート・ガバナンス―英国の企業改革―』商事法務研究会（共著、編著）

田中信弘（たなか　のぶひろ）第８章

現在、杏林大学総合政策学部教授。慶應義塾大学大学院商学研究科博士課程単位取得退学。日本マネジメント学会理事、日本経営学会幹事。

【主要著書】「EUにおけるコーポレート・ガバナンス～「遵守か説明か」原則に注目して」（『国際関係の論点－グローバル・ガバナンスの視点から』文眞堂（分担執筆）、『ストーリーで学ぶマネジメント』文眞堂（共編著）、『現代CSR経営要論』創成社（共編著）

平塚　直（ひらつか　ただし）第９章

現在、経営倫理実践研究センター　主幹、日本経営倫理学会員（CSR研究部会・企業行動研究部会所属）・経営倫理士、日本ビクター㈱品質管理部、ステレオ事業部企画室、オーディオ事業部営業課長、営業本部企画部次長、CS本部・ビクターパーツ＆テクニカルセンター人事責任者、パナソニックエクセルスタッフ㈱横浜支店顧問を経て2010年より現職。

笹谷秀光（ささや　ひでみつ）第10章

現在、株式会社伊藤園 常務執行役員　CSR推進部長。特定非営利活動法人サステナビリティ日本フォーラム理事。東大法卒、1977年農林省入省。2005年環境省大臣官房審議官、2006年農林水産省大臣官房審議官、2007年関東森林管理局長を経て、2008年退官。同年伊藤園入社、2010年～2014年取締役。2014年より現職。

【主要著書】『CSR新時代の競争戦略 -ISO26000活用術』日本評論社

高野一彦（たかの　かずひこ）第２章

現在、関西大学 社会安全学部・大学院社会安全研究科 副学部長・教授。中央大学大学院法学研究科博士課程修了、博士（法学）。ベネッセ、名古屋商科大学大学院 教授、関西大学 准教授、教授を経て現職。日本経営倫理学会 理事、経営倫理実践研究センター 上席研究員などを兼任。

【主要著書】『情報法コンプライアンスと内部統制 第２版』ファーストプレス、など

村松邦子（むらまつ　くにこ）第３章

現在、ウェルネス･システム研究所所長、日本プロサッカーリーグ（Ｊリーグ）理事、日本経営倫理士協会理事、経営倫理実践研究センター主任研究員。日本 TI㈱広報部部長、企業倫理・ダイバーシティ推進責任者を経て現職。

【主要著書・論文】『人にやさしい会社─安全・安心・絆の経営─』白桃書房（分担執筆）、「男女共同参画と経営倫理」『経営倫理』No.66（2012 年）

清水正道（しみず　まさみち）第４章

現在、CCI 研究所代表。日本広報学会理事長、日本 PR 協会理事などを兼任。富国生命、日本能率協会広報部長・主任研究員、淑徳大学経営学部教授などを経て現職。

【主要著書】『企業文化と広報』日本経済新聞社（共著）、『広報・広告・プロパガンダ』ミネルヴァ書房（共著）、『CSR マネジメント』生産性出版（共著）、『環境コミュニケーション』同友館（単著）、『広報･PR 概論』同友館（共著）など

北村　和敏（きたむら　かずとし）第５章

現在、株式会社大塚製薬工場総務部業務渉外担当部長、経営倫理士、日本経営倫理学会（会員）、日本経営倫理士協会（理事）、ドラッカー学会（総合企画委員）、「少子高齢社会」分科会顧問

【主要論文】「組織の社会的責任」分科会 2013 年度成果報告書　ドラッカー学会（共編著）、ドラッカー学会研究年報「文明とマネジメント」2013［Ⅰ］（ドラッカー学会誌）など

文　載皓（むん　ちぇほー）第６章

現在、常葉大学経営学部・准教授、日本経営倫理学会理事、2000 年明治大学大学院商学研究科博士課程前期・後期課程修了（商学博士）、浜松大学大学院・玉川大学大学院非常勤講師歴任。

【主要著書】『グローバル企業の経営倫理と CSR』中央経済社（分担執筆）、『バラ

■編著者紹介

水尾順一（みずお　じゅんいち）序章

現在、駿河台大学経済経営学部・大学院総合政策研究科教授、博士（経営学：専修大学）、1947年生まれ。神戸商科大学（現・兵庫県立大学）卒業、㈱資生堂を経て1999年駿河台大学へ奉職、現在に至る。専門はCSR、経営倫理論など。東洋大学経営学部兼任講師、元東京工業大学大学院特任教授。日本経営倫理学会副会長、日本経営品質学会副会長、経営倫理実践研究センター上席研究員、2010年ロンドン大学客員研究員。2008～2009年度経済産業省BOPビジネス研究会等座長・委員。西武ホールディングス企業倫理委員会社外委員。

【主要著書】『マーケティング倫理が企業を救う』生産性出版、『人にやさしい会社』白桃書房（共編著）、『CSRで経営力を高める』東洋経済新報社、『セルフ・ガバナンスの経営倫理』千倉書房、『CSRマネジメント』生産性出版（共編著）他多数

田中宏司（たなか　ひろじ）終章

現在、一般社団法人経営倫理実践研究センター理事・首席研究員、東京交通短期大学名誉教授（元学長）。1959年中央大学第2法学部・1968年同第2経済学部卒業。1954～90年日本銀行、1970年ミシガン州立大学留学（日銀派遣）、ケミカル信託銀行を経て、2002～06年立教大学大学院教授、2008～13年東京交通短期大学学長・教授。1996～2010年高千穂大学・早稲田大学大学院・関東学院大学・日本大学等兼任講師を歴任。経済産業省・日本規格協会「ISO/SR国内委員会」「ISO26000JIS化本委員会」委員等歴任。

【主要著書】『CSRマネジメント』生産性出版（共編著）、『CSRの基礎知識』日本規格会、『コンプライアンス経営［新版］』生産性出版、『実践！コンプライアンス』PHP研究所、『人にやさしい会社』白桃書房（共編著）

■執筆者紹介（掲載順）

蟻生俊夫（ありう　としお）第1章

現在、一般財団法人電力中央研究所企画グループスタッフ上席、白鷗大学経営学部兼任講師、日本経営倫理学会理事、CSRイニシアチブ委員会事務局長など。

【主要著書】『CSRイニシアチブ』日本規格協会（共編著）、『やさしいCSRイニシアチブ』日本規格協会（共編著）、『CSRマネジメント』生産性出版（分担執筆）、『人にやさしい会社』白桃書房（分担執筆）

三方よしに学ぶ 人に好かれる会社

発行日―― 2015年 3 月20日
編著者―― 田《た》中《なか》宏《ひろ》司《じ》・水《みず》尾《お》順《じゅん》一《いち》
発行人―― 岩根順子
発　行―― サンライズ出版株式会社
〒522-0004 滋賀県彦根市鳥居本町655-1
TEL 0749-22-0627　FAX 0749-23-7720

印刷・製本　P-NET 信州

ISBN978-4-88325-558-0　定価はカバーに表示しています

一般社団法人　経営倫理実践研究センターについて

一般社団法人経営倫理実践研究センターは、通称を〝ベルク〟と称します。BERC（Business Ethics Reserch Center）に由来しているからです。ベルクは企業の経営倫理を実践・研究するわが国初の産学協同の専門機関として一九九七年に、志ある企業経営者と日本に経営倫理の概念を広げようとしていた一人の学者によって創設されました。その後活動を続ける中で、組織としての実態や規模の拡大を背景に、二〇〇九年度には一般社団法人となりました。

一方でベルクは、同じく経営倫理について学問的視点から研究を深める「日本経営倫理学会」と、経営倫理を学習する企業人等志ある個人に対して「経営倫理士」という資格付与を行うNPO法人「日本経営倫理士協会」との三位一体的な活動を行っています。

経営倫理に関する国内外の情報収集や研究、企業活動に対するコンサルティング、企業人への啓発・普及、出版活動など、文字通り具体的な研究と実践に努めてまいりました。現在では、その実績の積み重ねにより会員企業も一四〇社を超えようとしています。あらゆる業種業態を含む、企業や法人への継続的な経営倫理やCSR活動全般に資する活動をこれからも更に充実させ、日本の企業を超えた組織経営への支援を続けることで、この書籍のテーマでもある、『人に好かれる会社』づくりに向けて、本書の執筆に当たられた多くの先生方、企業人と共にこれからも積極的に活動を展開してまいる所存です。

（一社）経営倫理実践研究センター

専務理事　河口洋徳　記